Fotografía de tapa: Libro Argentina en Marcha.
Subsecretaría de Informaciones de la Presidencia de la Nación,
Buenos Aires, 1950

Diseño: Gerardo Miño

Composición: Laura Bono

Edición: Primera. Sepiembre de 2016

ISBN: 978-84-16467-54-9

Código IBIC: WSB, WSBX, WSDF

Lugar de edición: Buenos Aires, Argentina

Miño y Dávila srl
Tacuarí 540
(C1071AAL)
tel-fax: (54 11) 4331-1565
Buenos Aires, Argentina
e-mail producción: produccion@minoydavila.com
e-mail administración: info@minoydavila.com
web: www.minoydavila.com

Iván Pablo Orbuch

Peronismo y Educación Física

Políticas públicas entre 1946 y 1955

ÍNDICE

Prólogo

POR PABLO PINEAU

El peronismo es uno de los temas que mayor interés ha generado en la historiografía educativa argentina. Tanto en tono de denuncia como de ensalzamiento, distintas voces no han dejado de alzarse para considerarlo una máquina de inculcación ideológica o un proyecto capaz de procesar las demandas educativas populares. El libro acá prologado se suma, sin duda, a esta vasta producción, y es una nueva demostración que en materia histórica son imprescindibles las relecturas. En efecto, Orbuch, utilizando el inspirador paradigma indiciario de Carlo Guinzburg, abreva en un terreno en el que, aunque ya mucho se ha dicho, hay todavía mucho por indagar: la educación de los cuerpos mediante la Educación Física. Su trabajo se inscribe en la senda abierta por numerosos investigadores cuyo propósito central es contribuir con el análisis sobre el peronismo desde diversas aristas. Lejos de hacerlo a la manera tradicional que buscaba asociar el fomento de la cultura física con regímenes autoritarios desde una supuesta neutralidad, el autor toma postura y procura releer dicho fenómeno en clave de construcción de la ciudadanía donde la impronta pedagogizadora del peronismo aparece de modo recurrente y constitutiva.

De este modo, fenómenos poco explorados como la pugna por el uso del espacio público, el simbolismo del uso de la radio o lo festivo son presentados en su dimensión de construcción de identidades políticas nuevas. El autor realiza un recorrido por los modos en que se practicó Educación Física desde antes de la génesis del sistema educativo hasta las postrimerías del régimen oligárquico que fenece en 1943. Por cierto que la manera en que el peronismo implementó políticas públicas en lo concerniente a dicha asignatura tiene mucho de continuidad. Pero es en la ruptura, no obstante, donde la riqueza del análisis aparece en toda su dimensión al posar la lupa en sucesos poco valorados pero ciertamente relevantes para darle forma a los postulados del gobierno liderado por Juan Domingo Perón.

Quizás porque el tema lo convoca, el correcto acercamiento académico no hace perder al texto su carácter confrontativo. La tesis de que la constante mención a la Educación Física y a los deportes por parte de Perón puede ser pensada como una metáfora de la "Nueva Argentina" que se estaba fraguando. Sirva esta última idea para cerrar este prólogo e invitar a los lectores a sumergirse en él.

Iván Pablo Orbuch

Peronismo y Educación Física

Políticas públicas entre 1946 y 1955

Introducción

La presente investigación buscará profundizar sobre las diversas concepciones que circularon en nuestro país durante las dos primeras presidencias de Juan Domingo Perón, entre 1946 y 1955, en lo que respecta a la Educación Física, y procurará definir la utilidad de las mismas en la construcción de un nuevo tipo de ciudadano acorde a los postulados de la "Nueva Argentina" planificada por el gobierno peronista. Pensamos que los aportes efectuados por el desarrollo de una cultura física[1] nacional son parte central del dispositivo elaborado por el Estado para mejorar la salud de la población. Sin embargo, desde nuestra perspectiva, el desarrollo de la Educación Física no fue sólo eso, el decidido apoyo estatal expresado en la numerosa normativa desplegada en esos años, en la frecuente mención del primer mandatario en sus discursos sobre las bondades de la misma, y en el despliegue masivo, ostensible y espectacular en torno a los festejos del Día de La Educación Física representa una parte central de la estrategia de ampliación de derechos obtenidos por la ciudadanía. De ese modo, a la mencionada mejora, en lo concerniente a la salud de vastos segmentos poblacionales, es importante resaltar la aparición en escena de un cuerpo público movilizado, sano y fuerte, que se manifiesta y desarrolla en estrecha analogía con el cuerpo de la Nación. Se trata de la asimilación entre el cuerpo privado y el cuerpo público (Sarlo, 2002:95). Como han demostrado otros estudios, el cuerpo del obrero en algunas ocasiones puede

---

1. Aunque existen las taxonomías y los diccionarios, los conceptos utilizados son ajenos a cristalizaciones que se prolonguen de modo indefinido en el tiempo. Las mismas palabras suelen cambiar de significado según el contexto histórico en que se las emplee. Por ese motivo, cabe aclarar que el uso del término "cultura física" es propio del lenguaje de la época, si bien se venía utilizando desde antes en el plano internacional. Su utilidad estriba en que es más abarcativo que el concepto de Educación Física porque la distingue de la vertiente escolar y la toma como cultura general. Para un detallado análisis del concepto, véase: Gleyse, 2011.

ser el cuerpo de la patria (Soria, 2009:46). Desde la concepción fraguada por el peronismo, fortalecer el cuerpo individual era sinónimo de fortalecer la Nación (Bratch, Gomes y Quintao de Almeida, 2013:111). Estamos en presencia, en definitiva, de un cuerpo impregnado de historia (Foucault, 1992:15). Esta tesis representa un caso paradigmático de dicha afirmación.

Para lograr nuestro objetivo consideramos de utilidad apropiarnos del concepto de paradigma indiciario, esbozado por el historiador italiano Carlo Guinzburg (2004). En efecto, al detenernos en elementos considerados secundarios y dejados habitualmente de lado por los investigadores para alumbrar luz sobre determinadas cuestiones, tales como el desarrollo de la Educación Física entre los años 1946 y 1955, retomamos la estela abierta por este influyente pensador, quien sostenía que esos indicios permitían capturar huellas más profundas (Guinzburg, 2004:106), en este caso de los dos primeros gobiernos de Juan Domingo Perón.

Asimismo, pretendemos filiar nuestro trabajo en aquellos que analizan aspectos que demuestren las facetas más disruptivas del partido gobernante. Creemos que indagar sobre cómo el desarrollo de la Educación Física repercutió en numerosos aspectos, que tienen que ver con una ampliación de derechos de la ciudadanía, puede inscribirse en esa senda.

Es conocido el esfuerzo investigativo nucleado alrededor del análisis del peronismo, ya desde su destitución en el mes de septiembre de 1955. Es menester advertir que muchos de estos estudios, que enfatizan los elementos de continuidad con períodos precedentes y a su vez los logros parciales y a mitad de camino de las transformaciones en materia de acceso a bienes simbólicos, materiales y culturales propiciados por el gobierno peronista, se nuclean en una serie de estudios socio-históricos recientes que han tendido a la "normalización" del primer peronismo (Acha y Quiroga, 2012). Estos trabajos, que en su mayoría poseen un tono liberal y un marcado tono academicista, en su anhelo por contrarrestar el rasgo patológico, homogéneo y excepcional que se le había atribuido al peronismo, desde su destitución y hasta al menos la aparición del clásico trabajo de Murmis y Portantiero en el año 1971, *Estudios sobre los orígenes del Peronismo*, han tendido en los últimos años a intentar "encauzar" los años peronistas y definirlos como años esperables en el devenir de los acontecimientos políticos, sociales y culturales. Objetivo que logró que el peronismo fuera interpretado como un período en estrecha sintonía con lo acaecido con procesos históricos de largo plazo en nuestro país y, complementariamente, propició la invisibilización de su carácter rupturista y novedoso (Barros, 2012), insertándolo en el campo de los movimientos políticos caracterizados por las continuidades y el reformismo político. Desde esta perspectiva, las transformaciones sugeridas son previsibles y, por lo tanto, su necesidad de análisis se torna prescindible y previsible. Es así que "al peronismo se lo somete a ejercicios de confrontación entre dichos y hechos, entre mitos y realidades, entre discurso y práctica, para demostrar la gran distancia que hubo entre lo prometido y lo realizado" (Palacio, 2012).

Desde el análisis efectuado por Palacio, la característica que unifica a toda esta gama de trabajos radica en su intento por suavizar aquellas visiones que reproducían el carácter innovador del peronismo, a la vez que han sobredimensionado sus continuidades y, de ese modo, han entrado en abierta tensión con aquella vigorosa memoria social de sus contemporáneos, tanto de sus exégetas como la de sus detractores. En ese sentido el autor se pregunta:

> ¿Qué hacer con ese peronismo que sobrevive en la memoria de todos los que lo vivieron como un terremoto que llegó un buen día, como un antes y un después en sus vidas y, sobre todo, como un todo compacto y coherente? ¿Qué hacer con ese peronismo, que no se parece en nada al que ha construido esta historiografía –débil, irresoluto, impotente, limitado, tradicional, no innovador y vacilante, que sería sencillamente irreconocible para cualquiera de sus contemporáneos, peronistas u opositores? (Palacio, 2012).

Nuestra investigación pretende ayudar a contestar estos interrogantes escudriñándolos en la batería de políticas destinadas al incentivo de la actividad física y sus consecuencias en la construcción de la "Nueva Argentina". Para la prosecución de nuestro objetivo buscaremos rescatar el carácter disruptivo del discurso peronista, expresado en la abstracción de las leyes y decretos, pero también en las realizaciones concretas y en sus prácticas culturales; carácter que, como hemos visto de manera somera, ha quedado parapetado detrás de un paradigma normalizador de ampliación gradual de derechos individuales como contraparte indisociable de un proceso de democratización del bienestar (Torre y Pastoriza, 2002).

A lo largo de nuestro trabajo intentaremos develar algunas preguntas que nos parecen relevantes a los fines de la organización de la presente investigación: ¿cuáles fueron las concepciones en pugna en torno a la implementación de la Educación Física en Argentina en los inicios del sistema educativo nacional?; ¿cómo se dirimieron esas polémicas entre 1946 y 1955?; ¿cuál fue la importancia de la Educación Física para construir un determinado tipo de ciudadano en el período a investigar?; ¿existió una continuidad entre las políticas seguidas por Manuel Fresco y Juan Domingo Perón respecto a la implementación de la Educación Física?; ¿cuáles fueron las influencias de Perón para introducir dichas políticas?; ¿cuál era el concepto de ciudadano que buscaba Perón?

Para nuestro objetivo será central un análisis pormenorizado de los diversos discursos de Estado que circularon durante los años mencionados. Los mismos son entendidos como discursos de poder "que se oficializan, universalizan e imponen para una población a la que se interpela/convoca a ser parte de él" (Giovine, 2012:23). Estas producciones generaron y condensaron nodalmente respuestas a problemáticas de cada coyuntura histórica que atravesó la Educación Física en nuestro país, pero a la vez haciéndose eco de las discusiones que se daban a nivel internacional. Creemos que tal diversidad permitirá establecer relaciones comparativas enriquecedoras en la sincronía y en la diacronía, poniendo en evidencia amplios lazos de continuidad y de ruptura.

Con la finalidad de intentar encontrar respuestas a los interrogantes mencionados, este trabajo se organizará en función de los siguientes ejes: en el capítulo inicial se abordará de manera sucinta y se buscará ejemplificar cómo era la Educación Física en los prolegómenos del sistema educativo nacional, con el objetivo de señalar las dos más importantes y contrapuestas, corrientes que surgen dentro de dicha asignatura escolar. A continuación se enfocará en el período 1930-1940, con epicentro en la Provincia de Buenos Aires, dado que encontramos que los cambios sucedidos en ese lapso son trascendentes y provocan un decisivo corte con lo ocurrido hasta entonces. Y se concluirá con un análisis de los imaginarios en torno a la Educación Física en un período escasamente investigado como el transcurrido entre 1940 y 1945, puesto que encontramos en esos años ideas, protagonistas y conceptos que serán retomados y resignificados ya con Juan Domingo Perón en la primera magistratura.

En el segundo capítulo, se abordarán las políticas educativas implementadas por el gobierno peronista referidas a la Educación Física. En ese sentido, serán indagadas las disposiciones específicas para el área, pero también hacia el deporte, parte inseparable de la cultura física desarrollada durante esos años. A su vez, y para manifestar la importancia de dicha asignatura dentro del dispositivo de ampliación de ciudadanía peronista, se desarrollará un análisis de los principales tópicos de los discursos de Perón en relación a la misma. Con posterioridad desarrollaremos las prácticas y saberes que se utilizaron para esculpir el "ser nacional" a través de la Educación Física, haciendo hincapié en la detallada preparación por parte del gobierno de la Fiesta Nacional de la Educación Física de 1949, claro ejemplo de la apropiación del espacio público por parte de los sectores populares.

Finalmente, el trabajo se cierra con nuestras conclusiones, en las que se presentan los hallazgos encontrados para su actual o futuro debate.

Algunos antecedentes

Si bien existen trabajos que analizaron la problemática de la Educación Física en el peronismo, los mismos no han profundizado en las diversas vinculaciones que, pensamos, tiene el tema. De ese modo, la ocupación del espacio público, la mejora de la salud de extensos segmentos poblaciones, o la analogía de pensar el cuerpo del obrero como el cuerpo de la Nación, en sintonía con el discurso de la época, han recibido un escaso tratamiento.

Vale la pena aclarar que el análisis de la Educación Física durante el peronismo y sus múltiples ramificaciones se encuentra delimitado en un campo de estudios amplio y complejo ubicado en la intersección de varias áreas disciplinares: la historia social de la Educación, la historia cultural y la historia de la Educación Física, entre otras.

Historia social de la Educación

Dentro de los trabajos que se encargan de indagar en la relación existente entre peronismo y educación, y que aportan al objeto de estudio de esta tesis, encontramos diversas compilaciones, aparecidas en años distintos, de la colección dirigida por Adriana Puiggros llamada *"Historia de la Educación en la Argentina".* El volumen V, titulado *Peronismo: Cultura política y educación (1945-1955)*, publicado en el año 1993 y escrito por la autora y Jorge Bernetti, contribuye con la delimitación de nuestro objeto de estudio, dado que en el mismo se analizan las acciones implementadas por el secretario de educación del primer gobierno peronista, Jorge Arizaga, a la palestra docente de Educación Física (Cammarota, 2011), quien priorizó una educación centrada en la vitalización del individuo, desligada absolutamente de la educación intelectualista, predominante hasta entonces, y con un fuerte hincapié en la realización de actividades físicas.

Es en ese mismo año que Mariano Plotkin escribe su libro *Mañana es San Perón: Propaganda, rituales políticos y educación en el régimen peronista (1946-1955)*. Tomamos como aporte para nuestra investigación el análisis efectuado por el autor sobre los mecanismos destinados a la generación de consenso político y movilización masiva creados por el Estado. Los mismos nos serán de utilidad en el abordaje que efectuaremos del Día Nacional de la Educación Física. En ese sentido, serán analizadas las prácticas de ocupación del espacio público llevadas adelante por el gobierno peronista, que contó con la aquiescencia de sus seguidores. Para ello resultó clave la creación de mitos, símbolos y rituales.

Al calor de la renovación historiográfica estimulada por la nueva generación de historiadores nucleados en los Annales[2], quienes empiezan a analizar cuestiones otrora consideradas carentes de historia (Burke, 1993: 14), es que podemos situar al volumen VI de la colección dirigida por Adriana Puiggrós, aparecido en el año 1995, *Discursos pedagógicos e imaginario social en el peronismo (1945-1955)*. Dentro de la compilación, hallamos investigaciones como las de Marcelo Caruso, "El año que vivimos en peligro (izquierda, pedagogía y política)", donde el autor plantea la perplejidad vivida por los partidos políticos de izquierda ante la irrupción del peronismo en la escena política y educativa, trabajo que nos sirve para observar los choques que se dieron en la lucha por la ocupación del espacio público entre 1945 y 1946. Otro artículo que aparece en el mencionado tomo es el de

---

2.   Corriente historiográfica francesa fundada en 1929 que viene a renovar la disciplina. Sus principales aportes pasan por la reivindicación del trabajo interdisciplinario y por la problematización del concepto de tiempo histórico. Para profundizar sobre esta corriente véase: Revel, 2005.

Martha Amuchástegui, "Los rituales patrióticos en la escuela pública", en el que apreciamos cómo lo católico, en un inicio, y con posterioridad lo nacional de manera más decidida, se encaraman como componentes centrales del nuevo discurso que se pretende hegemónico, siendo funcionales a nuestra investigación en la que la construcción de la Nueva Argentina y los aportes de la Educación Física para llevar a cabo esa tarea, juegan un rol relevante.

El trabajo escrito conjuntamente entre Inés Dussel y Pablo Pineau, *De cuando la clase obrera entró al paraíso: la educación técnica estatal en el primer peronismo* se vincula con diversos aspectos de nuestro interés, como la inclusión de los obreros en el sistema educativo, la formación de la fuerza de trabajo, las divergentes visiones sobre la industrialización y el trabajo obrero o la democratización social. Creemos que todas estas obras aportan a la comprensión de cómo el Estado fue incorporando diversos sectores sociales, antiguamente marginados, y de qué modo, a través de la educación, y de diversos mecanismos, se buscó ampliar el concepto de ciudadanía colaborando con los propósitos de la presente investigación.

Del año 1997 es otra compilación, esta vez dirigida por Rubén Cucuzza, *Estudios de historia de la educación durante el primer peronismo (1943-1955)*, en la que podemos destacar trabajos como el de Somoza Rodríguez, "Una mirada vigilante. Educación del ciudadano y hegemonía en Argentina (1946-1955)". La idea que propone respecto a la necesidad de formar ciudadanos instruidos y movilizados será funcional a nuestra hipótesis sobre las contribuciones que la Educación Física realiza al proyecto peronista, como desarrollaremos a continuación.

Otro trabajo de Somoza Rodríguez, que amplía significativamente el precedente, es *Educación y Política en Argentina (1946-1955)*, del año 2006. El autor propone indagar en los mecanismos institucionales y no institucionales de educación o socialización política, a través de los cuales el peronismo intentó construir tanto una nueva legitimación de los fundamentos del poder, como consolidar una nueva dirección política y cultural de la sociedad argentina. En esa dirección, el rol de la Educación Física y el deporte jugaron un destacado papel y ese constituye un aporte sustantivo con vistas a nuestro trabajo.

Luego de un somero abordaje sobre escritos que han indagado en la educación bajo la égida del peronismo, nos parece propicio aclarar que no es intención de este trabajo recrear las clásicas discusiones que pueden rastrearse en numerosos escritos acerca de la naturaleza y el surgimiento del peronismo (Verón y Sigal, 1983; De Ipola, 1983; Plotkin, 1993), disquisiciones que parecen haberse saldado en los últimos años. No obstante, nos parece pertinente mencionar algunas características que encontramos en trabajos como el de Sebrelli, *Los deseos imaginarios del Peronismo*, cuya primera edición data de 1983 y con reediciones que llegan hasta el año 2000, que demuestran lo arraigado de ciertas caracterizaciones en el imaginario colectivo de un sector de la sociedad. En el mismo, el autor asocia de modo tajante la educación física y el deporte con el autoritarismo, y cree que los sectores populares son manejados a su antojo por el peronismo, tanto en los momentos en los que este partido gobernó al país, como en los largos años que su conductor estuvo en el exilio (Sebrelli, 2000).

En otro trabajo anterior, *Fútbol y masas,* del año 1982, Sebrelli sostiene que los sectores populares no tenían instrucción política, por eso eran peronistas, y no por las visibles mejoras obtenidas en su calidad de vida bajo estos gobiernos:

> Los estadios de fútbol eran en esos años de proscripción del peronismo lugares donde se iba a cantar la marcha peronista. Como ocurrió con el circo romano y el hipódromo bizantino, el estadio moderno se convierte en algunas ocasiones en el último refugio del descontento confusamente político de las masas. (Sebrelli, 1982)

Su análisis concluye con una equiparación de las políticas deportivas peronistas orientadas a los sectores juveniles, con los regímenes fascistas: "No debe olvidarse que el culto a la juventud, el deporte, la educación física, el turismo masivo constituyen al fin, características del dopolavorismo fascista" (Sebrelli, 1982:100). Nuestra postura es, como intentaremos argumentar, diametralmente opuesta a la esbozada por el autor.

Es importante recalcar que esas iniciales caracterizaciones negativas sobre el peronismo fueron las que dominaron el escenario de las ciencias sociales aproximadamente hasta el año 1970, aunque como apreciamos, algunas llegaron hasta el siglo XXI y tienen estrecha relación con la situación política vivida en nuestro país. Para ayudar a entender mejor el porqué del predominio palpable de estos análisis, retomo el planteo esbozado por Mariano Plotkin (1993), quien utiliza algunos conceptos acuñados por el historiador de la cultura Raymond Williams. En su libro *Marxismo y literatura,* del año 1977, el pensador inglés percibe que en la mayoría de los casos se estudia a la cultura fundamentalmente en tiempo pasado, en relación a una experiencia que se transforma en un producto terminado. Siguiendo a Williams, la estructura de sentimiento es una hipótesis cultural que permite leer diversas estrategias simbólicas y de representación a partir de la forma en que fueron vividas y experimentadas por las personas en los momentos en los cuales ocurrieron los sucesos. Es desde esta perspectiva que el autor rescata la noción de sentimiento, marcando una diferenciación con la interpretación de concepción del mundo o ideología. Se trataría entonces de elementos específicamente afectivos de la conciencia y las relaciones interpersonales, que tienen una gran carga de subjetividad, y obnubilan el entendimiento, propiciando reacciones destempladas. Pensar el peronismo como una estructura de sentimientos que se instaló abruptamente en el imaginario social a partir del desmantelamiento de las fuertes jerarquías sociales construidas durante décadas por el liberalismo argentino permite contar con una valiosa herramienta teórica que ayuda a comprender las motivaciones de determinadas interpretaciones como las de numerosos intelectuales contemporáneos al peronismo.

Educación Física y deportes

La brasilera Claudia Schemes, en el año 2004 realizó su tesis de Maestría en la Universidad de Feevale denominada *Festas Cívicas e Esportivas. Um estudo comparativo dos governos Vargas (1937-1945) e Perón (1946-1955)*. La autora retoma la senda investigativa fuertemente estereotipada respecto al peronismo y señala la importancia de las fiestas cívicas y deportivas como una de las más características formas de propaganda política. Consideramos que la directa asociación que realiza entre el peronismo y los regímenes autoritarios[3] obtura la posibilidad de vislumbrar otros elementos novedosos que se percibieron durante esos años, como la mejora y prevención de la salud de la población o el aprovechamiento y disfrute del espacio público por parte de los sectores populares. No obstante, su contribución principal hacia el presente escrito pasa por pensar el fomento de la actividad física y deportiva en clave regional, si bien como mencionamos con una mirada divergente, cuestión que fue retomada por los ideólogos del gobierno peronista con iniciativas tales como la existencia del departamento deportivo del Servicio Internacional Radiofónico Argentino que se encargaba de transmitir por el éter latinoamericano todas las novedades relacionadas con el deporte en los países de habla hispana.[4]

En el año 2005, en su artículo *Control y generización de los cuerpos durante el peronismo. La educación física como transmisora de valores en el ámbito escolar (1946-1955)*, Stella Maris Cornelis intenta explicar cómo la práctica de deportes y la Educación Física que realizaban los alumnos en la escuela se vinculó de modo directo con el control sanitario y la transmisión de valores vinculados con el cuidado del cuerpo y la salud, siendo ese su mayor aporte en lo concerniente a nuestro objeto de estudio. La autora plantea que la Educación Física durante el peronismo trajo aparejada una marcada diferenciación entre los géneros. Se pensaba que las condiciones psicofísicas eran diferentes en el hombre y la mujer, y por lo tanto debían realizar distintas actividades deportivas. La investigación, si bien resalta la importancia de la Educación Física en el plano de la salud y brinda una atinada descripción de lo que aconteció con los géneros durante el peronismo, no indaga sobre la importancia de la misma en la formación de un nuevo tipo de ciudadano tal como era pensado en el proyecto peronista, ni como esto repercute en el espacio público.

Angela Aisenstein y Pablo Scharagrodsky escriben el libro *Tras las huellas de la Educación Física Escolar Argentina. Cuerpo, género y pedagogía, 1880-*

---

3.   Para una acertada y documentada crítica de esta perspectiva analítica veáse Ranaan, 2015.

4.   Tal como leemos en el Resumen Deportivo del año 1953. Una iniciativa similar en el plano de las relaciones exteriores puede encontrarse en la revista *Verdad para Latinoamérica*.

1950 en el año 2006. Se trata de un compendio de trabajos que refieren a la historia de la Educación Física. El trabajo de Scharagrodsky, *Construyendo masculinidades y feminidades católicas y moralmente correctas: El caso de la Primer Dirección General de Educación Física* nos aporta elementos significativos para entender que dicho organismo sólo pudo ser creado merced al clima imperante en la época, donde prevalecía un estado de opinión mayoritario que criticaba a la escuela tradicional y veía en la implementación de un tipo de Educación Física más rígido un importante contrabalanceo del denominado "peligro comunista", cuestión siempre presente en el imaginario peronista, siendo esa su mayor cooperación con el presente trabajo.

Mario Valentín Mamonde escribe en el 2008 el trabajo *¿Qué quiere Perón de la Educación Física?* En el mismo se realiza un análisis, desde el punto de vista del psicoanálisis, de diversos discursos proferidos por Perón, haciendo eje en el efectuado el 12 de noviembre de 1954 a los profesores del Instituto Nacional de Educación Física de San Fernando. Como contribución respecto a nuestra investigación, el artículo brinda información relevante sobre las ideas implementadas por el gobierno peronista en relación a la Educación Física. Asimismo, adolece de numerosas aristas que son las que pretendemos desarrollar en nuestra investigación: prevención y mejora de la salud en la población, aportes para la constitución de un nuevo tipo de ciudadano y utilización del espacio público.

El trabajo de José Daniel Cesano escrito en el año 2010, *La política penitenciaria durante el primer peronismo (1946-1955)* demuestra cómo el discurso peronista concedió amplia importancia al deporte, la Educación Física y actividades de tipo recreativo inmiscuyéndose en la vida cotidiana de diversos sectores sociales, siendo ese su mayor aporte a nuestro objeto de estudio. Las actividades físicas eran pensadas como un medio para mejorar la especie, un factor de salud, preventor de enfermedades y su realización era fundamental para la ideología oficial, que buscaba mantener y mejorar el potencial humano necesario para producir y reproducir riqueza para la Nación. Entre las inquietudes de Pettinato, director de la Dirección General de Institutos Penales, la formación física de los internos era algo relevante. De hecho, fue una resolución de la Dirección a su cargo, la que creó en los establecimientos carcelarios una sección de Educación Física. La cuestión mereció, también, la realización de obras de infraestructura concretas, como el Campo de Deportes de la Penitenciaría Nacional, inaugurado por el propio presidente (el 17/10/1946) o los natatorios de la Prisión Nacional construidos el año siguiente.

Lila Caimari, en su trabajo *Apenas un delincuente*, del año 2004, habla de una "prisión deportiva", enfatizando la relación que se pretendía establecer con el ejercicio físico como parte de la terapia rehabilitadora. Ambos trabajos tienen como objeto de análisis otras cuestiones y el tema de la Educación Física es mencionado de manera lateral; no obstante nos resultan de utilidad, como se mencionó, para demostrar la omnipresencia de las actividades físicas en vastos segmentos poblacionales.

Otro libro de Pablo Scharagrodsky, *La invención del "homo gymnasticus". Fragmentos históricos sobre educación de los cuerpos en movimiento en Occidente*, del año 2011, tiene como objetivo primordial estudiar la historia de la problematización pedagógica del cuerpo y la génesis de un saber vinculado a la misma. El libro nos brinda herramientas para pensar una serie de temas importantes para nuestra futura investigación: la centralidad del cuerpo; los orígenes de la Educación Física en el ámbito escolar; la evidente relación de esos saberes y prácticas con el discurso médico-higiénico basado en las concepciones positivistas de la época; la incorporación de estos contenidos al currículum, las tensiones que ello generó entre los distintos sectores de la sociedad y la práctica diferenciada para varones y mujeres a partir de los estereotipos elaborados por las diversas culturas.

Salud, deporte, nacionalismo y género en los espacios de socialización de niños y adolescentes (1930-1955). Las Colonias de Vacaciones, los Clubes Colegiales y la Unión de Estudiantes Secundarios es un trabajo elaborado por Adrián Cammarota. Escrito en el año 2011, tiene como objetivo abordar los espacios de socialización de niños y adolescentes entre los años 1930 y 1955 en la ciudad de Buenos Aires. Con esa finalidad se tomarán como eje de análisis y comparación las colonias de vacaciones, los Clubes Colegiales y la Unión de Estudiantes Secundarios creada por el peronismo a mediados del año 1953. El autor señala que estos espacios contribuyeron decididamente al fomento de las facultades físicas y morales para el desarrollo de una ciudadanía sana y disciplinada. La investigación nos aporta importantes elementos para pensar las actividades físicas juveniles desarrolladas en la UES como un espacio alternativo al brindado por el sistema educativo escolar y, a su vez, por fuera del encorsetamiento doctrinario de la Iglesia Católica.

De ese año también es el libro escrito por Omar Acha, *Los muchachos peronistas. Orígenes olvidados de la Juventud Peronista (1945-1955)*, donde describe el rol de la juventud, situándolo en la génesis del movimiento y no luego de su caída, como era lo habitual en la historiografía. El autor se encarga de demostrar la importancia de las actividades físicas y deportivas en la relación que ejerce el Estado peronista con los sectores juveniles y plantea la imperiosa necesidad de elaborar nuevos estudios sobre el tema que dejen atrás las miradas estigmatizadoras y condenatorias propiciadas por sectores antiperonistas. Nuestro trabajo pretende ir en esa dirección.

Hasta aquí hemos desarrollado un estado de la cuestión de los textos que han abordado, ya sea en forma directa como tangencial, la vinculación del deporte, la educación física y el peronismo. Veamos ahora a continuación cómo podemos encuadrar y definir nuestro objeto de estudio. Como hemos mencionado, el mismo se encuentra ubicado en el cruce de varios campos disciplinarios, a saber, el área de historia social de la Educación, el de historia cultural y el de historia de la Educación Física. Vale la pena mencionar que el primero de ellos se encontró monopolizado hasta fines del siglo XX por cientistas formados en Ciencias de la Educación. En los últimos años el interés del campo se ha descentrado, llamando la atención de distintos investigadores formados en otras disciplinas, principalmente historiadores (Cammarota, 2014:20). Allí encontramos trabajos pioneros que contribuyen con la presente investigación y que recuperan personajes claves de la política educativa peronista (Puiggrós y Bernetti, 1993), que hacen hincapié en el carácter plebiscitario y en la creación de rituales por parte del movimiento (Plotkin, 1993; Amuchástegui, 1995). También hallamos investigaciones que ponen el foco en la inclusión social mediante el incentivo de la educación técnica (Dussel y Pineau, 1995); o que ahondan en el carácter pedagógico que Perón imprimía a cada una de sus intervenciones públicas (Somoza Rodríguez, 1997, 2006).

La vigencia de interpretaciones que habían tenido su auge entre 1955, año de la destitución de Perón, y 1971, año del clásico trabajo de Murmis y Portantiero, *Estudios sobre los orígenes del Peronismo,* y que equiparan regímenes fascistas con peronismo (Sebrelli, 2000; Schemes, 2004), son reveladoras de hasta qué punto el análisis de cualquier arista del movimiento liderado por Juan Domingo Perón sigue siendo un tema controversial. La cuestión de género en la Educación Física también es tema de interés (Cornelis, 2005). A su vez, diversos trabajos (Plotkin, 1993; Mamonde, 2008) nos permiten analizar el entramado discursivo peronista. Por su parte, la socialización de niños y adolescentes mediante las prácticas físicas y deportivas constituye un área de estudios en crecimiento en estos últimos años (Acha, 2011; Cammarota, 2011, 2014).

Sobre el análisis de la Educación Física peronista

El objetivo principal del presente libro es profundizar sobre las diversas concepciones en torno a la implementación de la Educación Física en Argentina entre 1946 y 1955 y demostrar cómo éstas fueron funcionales para formar un tipo de ciudadano determinado, a través de un estudio de los discursos y disposiciones más significativos originados durante el peronismo. La hipótesis que guiará el presente trabajo será que la Educación Física desarrollada en los años que el peronismo estuvo en el poder fue democratizadora, puesto que marchó de la mano de la medicina preventiva en pos de una mejora de la salud de la población, pero también sirvió como un mecanismo para habilitar el espacio público incluyendo en él a los sectores populares permitiendo aperturas impensadas hasta ese entonces y que lograron una mayor visibilidad de la cultura plebeya. En esa dirección, proponemos que, en sintonía con el discurso de la época, el cuerpo de la nación fue pensado como un cuerpo público movilizado, visible y exhibido en el espacio público a modo de metáfora de la Nación que se construyó durante los años que el peronismo estuvo en el poder.

Tener un supuesto hermenéutico para el caso de esta tesis implica presuponer que el abordaje de un documento se lleva adelante desde una condición histórica y contando con una serie de premisas culturales, axiológicas, lingüísticas, éticas y temporales. Situación que, en definitiva, deja al descubierto que no es posible un acceso objetivo al fenómeno estudiado y que todo encuentro con un documento del pasado es el ingreso inevitable a un círculo de la comprensión en el cual lector y documento se constituyen respectivamente. En esa senda: "El investigador ve al escenario y a las personas en una perspectiva holística; las personas, los escenarios o los grupos no son reducidos a variables, sino considerados como un todo interrelacionado" (Taylor y Bogdan, 1996:20). Por tal motivo nuestro corpus teórico estará compuesto de materiales variados, puesto que siempre que se indaga sobre un tema escasamente estudiado las referencias documentales deben incrementarse exponencialmente (Acha, 2011:15). Dicho corpus, y dada su utilidad para la investigación histórica por tratarse de opiniones o descripciones contemporáneas a los sucesos a estudiar, estará constituido por fuentes documentales primarias. Es importante señalar que el peronismo, como todo movimiento político que se autopercibe y autoconstruye como fundante, se encargó de comunicar profusamente sus planes de gobierno a través de documentos oficiales o publicaciones. Hemos accedido a muchos de ellos en Bibliotecas Públicas, como la Biblioteca Nacional de Maestros y la Biblioteca del Congreso, y en colecciones privadas; pese a la destrucción de gran parte de esta documentación, lo cual fue descripto como el furor iconoclasta de la "Revolución Libertadora" (Gené, 2005:15).

Serán parte de este corpus numerosos discursos de Juan Domingo Perón que se sucedieron a lo largo de los prolegómenos de su acceso a los primeros planos de la política, pero con especial continuidad entre los años 1954 y 1955, lo que nos revela que el tema fue un eje relevante en sus planes gubernamentales. Estas alocuciones fueron realizadas en lugares como la Asamblea de Delegados de la Liga Estudiantil Argentina, o el Instituto Nacional de Educación Física de San Fernando.

A su vez, también serán parte de nuestro conjunto de datos investigativos, publicaciones oficiales como *La Nación Argentina, justa, libre y soberana* y *Tenemos un pueblo bueno y capaz para el deporte*. El primero data de 1950, y consta de tres ediciones. El gobierno del General Juan Domingo Perón confeccionó y distribuyó masivamente el monumental libro *La Nación Argentina Justa Libre Soberana*, que fue editado por el Control de Estado de la Presidencia de la Nación e impreso en los talleres gráficos de la editorial Peuser. Con más de 800 páginas y generosas dimensiones, esta publicación propagandística realiza un recorrido por las principales obras de Perón desde su llegada al gobierno en 1946 hasta 1950. Se busca usar la propaganda para educar a los trabajadores y para que comprendan que ahora el Estado posee un proyecto social inclusivo con el que el obrero puede identificarse (Soria, 2009:31). La obra se caracteriza por tener escaso texto y por sus abundantes imágenes. Muchas de ellas, hoy en día, son símbolos clásicos de la iconografía del primer período peronista. En la misma encontraremos numerosos datos referidos a la educación, a la Educación Física y a la apropiación del espacio público por parte de los sectores populares.

Por su parte, *Tenemos un pueblo bueno y capaz para el deporte* es la publicación de un pequeño libro con un discurso de Perón realizado en 1954, que contiene consideraciones acerca del rol que el deporte y la Educación Física tienen en el proyecto político peronista.

Asimismo, publicaciones oficiales dependientes del Ministerio de Educación, como *El Monitor de la Educación Común*, será otro material particularmente rico de análisis, en especial la edición 918 correspondiente a junio de 1949 dedicada íntegramente a las actividades de Educación Física de los Clubes Escolares. La misma nos servirá para describir la introducción de las danzas folklóricas argentinas dentro de las actividades físicas, lo que nos revela una resignificación de las tradiciones locales.

Diversos escritos de docentes de Educación Física, aparecidos a principios de la década de 1940, formarán parte de la presente investigación, puesto que nos brindarán un panorama de lo acontecido con la disciplina durante esos años.

Varias ediciones de la revista *La Obra*, fundada por egresados de la Escuela Normal Mariano Acosta entre 1946 y 1955 serán parte de nuestro corpus documental.

Documentos oficiales como el Primer y el Segundo Plan Quinquenal, la Constitución Nacional de 1949 y el Plan analítico de salud del Ministerio comandado por Ramón Carrillo también nos proveerán de numerosa información. Otro documento de valía será el expediente que agrupa todos los memorándum, circulares y notas sobre los preparativos de la Fiesta Nacional de la Educación Física de 1949. En la misma se percibe la expectativa generada por el Estado en el rol de la Educación Física respecto a la construcción de un particular tipo de ciudadano.

Valiéndonos del corpus de estudios indicados en la presente investigación, documentos oficiales en su mayoría, se analizará de modo crítico cómo se articularon las pretensiones gubernamentales y las prácticas e imaginarios tramados por los actores sociales, en sintonía con una línea argumentativa que pone el foco en la deconstrucción del objeto abordado.

Creemos que cada problemática de estudio requiere de un diverso herramental de análisis para ser comprendido. Por tal motivo, no se seguirá a pie juntillas el proyecto teórico de algún investigador en particular, sino que se tomaran prestados sus conceptos, interpretándolos según el tema indagado (Galak, 2012). Por otra parte, debido a la complejidad y amplitud del campo de estudios donde la educación, el cuerpo, la Educación Física y el estudio del discurso ocupan un significativo lugar, el marco teórico será interdisciplinario.

Algunas de las herramientas teóricas aportadas por Michael Foucault nos serán provechosas para explicar diversas cuestiones vinculadas a los tipos de ejercicios que se desarrollaban en la actividad física y lo que se esperaba de ella. En efecto, Foucault plantea en su clásico libro *Vigilar y castigar* el nacimiento de la sociedad disciplinaria a través de diversas estrategias de tecnología política entre las cuales, la sujeción de los cuerpos, que desde el siglo XVIII serán transformados en dóciles y manipulables, ocupa un lugar central. Lo novedoso radica en la escala, objeto y modalidad del control ejercido sobre los cuerpos. "La disciplina aumenta las fuerzas del cuerpo (en términos de utilidad económica) y disminuye esas mismas fuerzas (en términos de obediencia política)" (Foucault, 1976:255). Esta utilización de los cuerpos conforma una nueva microfísica del poder. La disciplina se realiza a través de una específica distribución de los individuos en el espacio. La fábrica, los colegios y los cuarteles conforman algunos de estos espacios diseminados velozmente a lo largo del mencionado siglo. El empleo del tiempo aparece como una práctica antigua resignificada para la implementación de las nuevas tecnologías de poder. El poder es un conjunto de acciones sobre acciones posibles; opera sobre el campo de posibilidad o se inscribe en el comportamiento de los sujetos actuales: incita, seduce, facilita o dificulta; amplía o limita, vuelve más o menos probable; de manera extrema, constriñe o prohíbe de modo absoluto; siempre es una manera de actuar sobre un sujeto actuante o sobre sujetos actuantes, en tanto que actúan o son susceptibles de actuar (Foucault, 1988:238).

El sistema educativo es uno de los espacios paradigmáticos mediante el cual el Estado logró ejercer el dominio en la formación moral y social de los individuos para constituirlos ciudadanos activos y productivos (Giovine, 2012:19). De ese modo podemos afirmar que:

> La población emergió como un recurso de Estado, es decir, como una colectividad a la que había que procurar buen orden, asegurar la salud y la felicidad, y cuyas capacidades morales y económicas habían de ser intensificadas sistemáticamente para que jugaran un papel óptimo en el desarrollo del Estado. (Hunter, 1998:61)

Analizar el sistema educativo a partir del concepto de gubernamentalidad es un ejercicio por demás interesante. En el mismo podemos arribar a diversas conclusiones y hacernos numerosas preguntas acerca del poder. Por otro lado, esta noción metodológica es construida por Foucault como una herramienta para interpelarnos sobre determinadas cuestiones de la sociedad, por lo cual debe ser utilizada para provocar, para tensionar, en otras palabras para "pensar lo impensado antes que conocer o reproducir lo ya sabido" (Noguera, 2009:25).

El sistema educativo puede interpretarse como una específica tecnología de gobierno tanto para la conducción, guía o dirección de los otros como de sí mismo, en la que se transmiten valores, creencias e identidades. En esa dirección, la gubernamentalidad hace referencia a la gestión y control de una población tanto desde los niveles macro, es decir desde el Estado, como en el micronivel, donde la escuela y la formación de los docentes juegan un destacado rol. Estos niveles están inmersos en una matriz de aparatos, lógicas, técnicas y variados controles de dispositivos que conforman formas regulatorias más sutiles que las conocidas antaño y por tanto hay que escudriñar en detalle (Caruso, 2002:12).

> Con esta palabra "gubernamentalidad" [...] entiendo el conjunto constituido por las instituciones, los procedimientos, análisis y reflexiones, los cálculos y las tácticas que permiten ejercer esa forma bien específica, aunque muy compleja, de poder que tiene por blanco principal la población, por forma mayor de saber la economía política y por instrumento técnico esencial los dispositivos de seguridad. [...] entiendo la tendencia, la línea de fuerza que, en todo Occidente no dejó de conducir, y desde hace mucho, hacia la preeminencia del tipo de poder que podemos llamar "gobierno" sobre todos los demás: soberanía, disciplina, y que indujo, por un lado, el desarrollo de toda una serie de aparatos específicos de gobierno, [y por otro] el desarrollo de toda una serie de saberes (Foucault, 2006:136).

La validez epistemológica del concepto gubernamentalidad no estriba en su utilización para señalar la limitación o fracaso de una forma de gobierno, sino en resignificar su análisis haciendo eje en dos dimensiones: por un lado, las racionalidades políticas, es decir las formas políticas que usa el gobierno, y por el otro las tecnologías de poder que se articulan unas con otras y que operan de diversa manera en contextos históricos puntuales. En la presente tesis esto significa aunar el saber didáctico y la situación de enseñanza con los órdenes políticos del momento (Caruso, 2002:3).

Analizar momentos específicos de un sistema educativo determinado, desde la perspectiva de la gubernamentalidad, implica que nos posicionemos metodológicamente en una postura que nos incentive a ver cómo se configura y cómo opera el campo estratégico de gobierno, procurando el cruce de las racionalidades políticas, los fines éticos y las formas de subjetivación producidas con las prácticas educativas, toda vez que estas últimas son y están atravesadas por "una red de instituciones, reflexiones, procedimientos, análisis y tácticas que posibilitan el ejercicio de poder" (Caruso, 2005:27).

Otro concepto vertebrador de la obra foucaultiana, y que consideramos útil para nuestro análisis, es el de biopolítica. El mismo es explicado a través del surgimiento de un cambio trascendental respecto a lo acontecido en las sociedades medievales europeas. Mientras que en un caso lo distintivo era que el gobernante podía "hacer morir y dejar vivir", desde el siglo XIX cambian los métodos coactivos. A partir de aquí se trata de generar las condiciones sociales para que los cuerpos puedan convertirse en herramientas de trabajo a disposición del gobierno. Con lo cual, se invierte la ecuación, ya que la biopolítica es una tecnología de gobierno que se abocará a regular procesos vitales de la población para que las personas sean productivas desde el punto de vista del capital. "Tras un primer ejercicio del poder sobre el cuerpo que se produce en el modo de la individualización, tenemos un segundo ejercicio que no es individualizador sino masificador" (Foucault, 1976:32).

El trabajo del historiador italiano Carlo Guinzburg, *Tentativas* (2004), en particular su capítulo *Huellas. Raíces de un paradigma indiciario*, nos servirá para entender cómo, mediante el análisis de hechos en apariencia menores, pueden establecerse inferencias de cambios sociales y culturales más profundos.

Otra investigación que nos servirá para nuestro trabajo, es la llevada adelante por David Le Breton en su libro *Antropología del cuerpo y la Modernidad*. Uno de los aspectos relevantes del argumento que sostiene el autor es establecer la distinción ontológica entre "poseer un cuerpo" y "ser el cuerpo". Esta distinción deriva, siguiendo a Descartes, en axiología; el pensamiento se eleva, al mismo tiempo que el cuerpo se menosprecia. La cultura erudita de los sujetos pertenecientes a los grupos sociales de la élite desprecia los asuntos relativos al cuerpo (Morales Sáez, 2009:82).

El ascenso del individualismo logra despojar al cuerpo de su capacidad de representar una colectividad humana. De acuerdo a Durkheim, el cuerpo deviene en "factor de individuación". Empieza a ser, por lo tanto, blanco de intervención específica. Arribamos, de esta forma, a una bifurcación: el cuerpo menospreciado por la cultura erudita representa un residuo inaprehensible; pero, a la vez, es apropiado como objeto de saber experto por la biomedicina, la cual erige su prestigio en torno a una especialización cada vez mayor sobre él, lo que repercute en mayores niveles de control (Morales Sáez, 2009: 83). En Argentina, este discurso médico penetró el sistema educativo desde su génesis (Scharagrodsky, 2013).

Le Breton elabora una sugerente genealogía de los cambios que fueron sucediéndose con las representaciones del cuerpo desde la edad moderna. Es así como surge el modelo del "cuerpo máquina". Ajeno a todo pensamiento, el cuerpo, según la filosofía mecanicista, al igual que la naturaleza, se asemeja a una máquina susceptible de ser descompuesta en las figuras y movimientos de sus partes. Este modelo se sustenta además en "nuevas prácticas sociales que la burguesía, el capitalismo naciente y su sed de conquista inauguran" (Le Breton, 2002:75). Para ello se requiere de un hombre-máquina que asegure la utilización instrumental del cuerpo en lo que Foucault (1992) denominó "tecnología política del cuerpo". La disciplina sobre la fuerza de trabajo humana tendrá una prolongada proyección histórica que nos será de utilidad para indagar en nuestro tema de investigación.

Por su parte, Basil Bernstein nos brinda conceptos que nos pueden ser de utilidad para describir el gobierno de Juan Domingo Perón. En su trabajo *Pedagogía, control simbólico e identidad* realiza una descripción de las diversas "identidades pedagógicas", que desde su perspectiva están en pugna permanente por producir e institucionalizar sus postulados. El autor menciona la *Identidad Pedagógica Retrospectiva* como un subtipo que se encuentra compuesto por grandes narrativas o discursos nacionales del pasado, religiosos o culturales. Y esa gran narrativa del pasado es recontextualizada, con el objetivo de estabilizar el pasado en un futuro incierto. La base social colectiva que unifica, la gran narrativa del pasado, se privilegia por sobre el desarrollo individual. El objetivo es estabilizar el pasado y proyectarlo al futuro.

Para ayudarnos a entender mejor los discursos de Juan Domingo Perón relacionados con la Educación Física, nos parece relevante indagar, dado su permanente crecimiento, sobre el campo disciplinar que conforman los estudios del discurso. En efecto, dicha área de estudios se ha convertido en una ciencia interdisciplinaria en casi todas las ramas de las ciencias sociales (Van Dijk, 2000:15). El análisis del discurso estudia las estrategias y recursos lingüísticos que se utilizan para dar lugar a las representaciones e identidades sociales que se articulan en sus diversas modalidades. Teniendo en cuenta que el mismo se produce, comprende y analiza en función de las características del contexto en que es emitido, su importancia para nuestro objeto de estudio se torna relevante.

De acuerdo a la perspectiva aportada por el semiólogo Eliseo Verón (1998), el discurso equivale a una configuración espacio-temporal de sentido. Para el autor, el análisis de los discursos puede ser interpretada como la descripción de las huellas de las condiciones productivas en los mismos, ya sean las de su generación o las que surgen como consecuencia de sus efectos. Verón considera que no es posible explicar los fenómenos sociales si no es mediante un pormenorizado análisis de su manifestación discursiva. Siguiendo su interpretación, no es factible la existencia de un análisis discursivo en el que no esté considerado que los discursos son sociales y, a la vez, es impensado entender un fenómeno social determinado si no se tiene en cuenta su dimensión discursiva (Verón, 1998). Por su parte, Teun Van Dijk, habla del *Análisis Crítico del Discurso* y plantea que el mismo se refiere a una indagación de los aspectos lingüísticos y semióticos de los problemas sociales. Desde su razonamiento, sostiene que dicho análisis es por naturaleza interdisciplinario, combina perspectivas de diversas disciplinas en sus propios análisis y se lo utiliza para complementar formas más habituales de análisis social y cultural. Para el autor, el discurso es un fenómeno de orden práctico, social y cultural.

Nuestra investigación partirá de un análisis discursivo comunicacional en el cual el lenguaje es entendido como parte de un dispositivo eminentemente ideológico, que estructura las relaciones sociales y que es puesto en interacción por los sujetos en una sociedad. Consideramos que no se puede hacer política sin el lenguaje, y es probable que el uso del lenguaje en la constitución de los grupos sociales lleve a lo que usualmente denominamos como política (Chilton y Schaffner, 2000:297). Siguiendo este razonamiento, se le dará especial significación al concepto de poder y, asociado a esto, a un tipo específico de discurso, el político.

> El discurso político es la clase de textos que, con la intencionalidad (manifiesta o encubierta) de producir un cambio social, realiza una labor de persuasión hacia los destinatarios que construye, con el objetivo de producir cambios. (Raiter, 1997)

Esto se encuentra refrendado por las palabras del propio Perón:

> Junto a mis tareas de gobierno he realizado una permanente tarea de enseñanza y de persuasión. (Perón, 1953:5)

El discurso político provoca un profundo cambio, genera una conducta y una creencia social (Raiter, 1997). Es el emisor de los discursos quien persigue y obtiene esos cambios, y quien expresa sus creencias a través de los mismos.

En el caso de los numerosos discursos que analizaremos de Juan Domingo Perón, observaremos que, en los diversos ámbitos en los que emite sus discursos y refiere su parecer sobre la Educación Física y la utilidad de ésta en la constitución del nuevo ciudadano que la "Argentina justicialista" requiere, el ex Presidente se presenta como una fuente de información autorizada, a la vez que define a su auditorio como subordinado en la mayoría de los casos y desinformado en otros (Chilton y Schaffner, 2000:311).

Se desprende de esta línea de investigación que las ideologías se vehiculizarán mediante el discurso, y serán sistemas de creencias, valores, representaciones que influirán al dar legitimidad y reproducir normas, principios y relaciones sociales en una sociedad determinada. Complementariamente, las ideologías nos servirán para mantener, crear y transformar las relaciones de control y poder.

Michel Foucault habla de la polivalencia táctica de los discursos. Desde su razonamiento:

> Poder y saber se articulan por cierto en el discurso. Y por esa misma razón, es preciso concebir el discurso como una serie de segmentos discontinuos cuya función táctica no es uniforme ni estable. Más precisamente, no hay que imaginar un universo del discurso dividido entre el discurso aceptado y el discurso excluido o entre el discurso dominante y el dominado, sino como una multiplicidad de elementos discursivos que pueden actuar en estrategias diferentes. (Foucault, 1978:122)

El discurso puede ser en paralelo instrumento y efecto del poder, pero también punto inicial para la elaboración de una estrategia opuesta. "El discurso transporta y produce poder", afirma Foucault (1978), al tiempo que lo expone y le estipula límites. Son las palabras, el discurso, las que dan consistencia al poder simbólico. Un discurso acompaña los hechos; éstos no se imponen por sí mismos. El discurso los legitima o los descalifica y los impregna, como un conjunto de procedimientos intelectuales y como una forma de comunicación. Un estudio que analice el poder debe tener en cuenta un recurso de control social como el discurso público, porque la lucha por el poder es también la lucha por la palabra (Van Dijk, 2000).

De este modo, surge la necesidad de vincular el lugar de la producción social con el lugar de la producción simbólica. El poder simbólico se construye a partir de las palabras; es un poder que consagra y revela hechos que no son sólo conocidos, sino reconocidos como tales por los destinatarios. Es el análisis del discurso el que muestra los campos en acción y es, desde esta perspectiva que el discurso cobra sentido en tanto lenguaje que permite conocer esas acciones. El análisis discursivo que realizaremos del discurso político nos proporcionará importantes claves para comprender una gestión gubernamental y la construcción de su poder simbólico, en este caso en torno a lo acaecido con la práctica de la Educación Física. Un ejemplo paradigmático de esta situación es el gobierno peronista en la Argentina de mediados del siglo XX.

Tomando en consideración estas herramientas teóricas, intentaremos profundizar sobre cómo un análisis de la implementación de la Educación Física en las escuelas argentinas nos ayuda a establecer un hilo conductor que nos permita inteligir el proyecto político, social y económico que se encuentra a la base de las concepciones de dicha asignatura y la manera en que en ellas opera una cosmovisión acerca del cuerpo en un orden político determinado.

Capítulo 1
La Educación Física previa al peronismo

"Educar es fortificar el cuerpo desde la más tierna edad según las leyes de la salud para que pueda resistir a las enfermedades" (Juana Manso, *Anales de la Educación Común*, Vol. VIII, 29 de diciembre de 1869)

Esta aseveración de Juana Manso, una de las primeras y más importantes docentes de la República Argentina, demuestra que la preocupación por la educación del cuerpo surgió en los años previos a la formación del sistema educativo nacional. La revista *Anales de la Educación común*, fundada en 1858, le sirvió como una tribuna en la cual pudo manifestarse en diversas ocasiones a favor de la gimnasia y los juegos (Southwell, 2005). Durante la presidencia de Sarmiento, entre los años 1868 y 1874, el interés por estimular las actividades físicas fue notorio. Una de sus ideas principales en el plano educativo fue intentar atraer a maestras norteamericanas para que den clases en el naciente Estado de Sudamérica. Las características que esas docentes debían poseer eran precisas y nos revelan la importancia que empieza a asignársele a las actividades físicas como un aspecto central del sistema educativo que se estaba forjando:

Las buscábamos, de aspecto atractivo, maestras normales, jóvenes pero con experiencia docente, de buena familia, conducta y morales irreprochables y, en lo posible, entusiastas y que hicieran gimnasia, para enseñar a nuestras criollas, tan acostumbradas a estar inmóviles, asistidas por su servidumbre, a usar su cuerpo al modo de los griegos, valorizándolo y glorificándolo. (Roitenburd, 2009:43)

El interés de Sarmiento por la Educación Física comenzó en Estados Unidos. Allí tomó contacto con distintas escuelas y en la mayor parte de ellas observó que la educación del cuerpo era una práctica recurrente. "Vuelve este país a los tiempos de la Grecia, dando a los juegos gimnásticos una grande atención. Los que vi ejecutar a las niñas aseguran la mayor perfección de la raza, por la fuerza, la belleza y la gracia" (Roitenburd, 2009:45).

Durante su presidencia se llevó adelante el denominado "Plan Alba-rracín"[5], en el que se fomentaba la práctica diaria de ejercicios gimnásti-cos en las escuelas (Saraví, 1985). Como se aprecia, el sanjuanino incluyó a las actividades físicas entre sus preocupaciones educacionales. Para él, la misma se encontraba en condiciones de cumplir con la misión de "civi-lizar" a aquellos sectores sociales que consideraba ingobernables. Es por eso que, desde su perspectiva: "La gimnástica civilizará a los Tobas, que no conocen disciplina sino cuando van a la guerra, a fin de robar y matar con éxito" (Sarmiento, 1886:378). Muchas de las ideas aportadas por Sarmiento serán aplicadas en el año 1884, con la sanción de la Ley 1420. En el plano de las actividades físicas, la misma es mencionada en algunos artículos, lo que demuestra la creciente importancia que el recientemente creado Con-sejo Nacional de Educación le otorgó:

> Art. 1. La escuela primaria tiene por único objeto favorecer y dirigir simul-táneamente el desarrollo moral, intelectual y físico de todo niño de seis a catorce años de edad.
>
> Art. 6. El "minimun" de instrucción obligatoria comprende las siguientes ma-terias: (…) moral y urbanidad; nociones de higiene; nociones de ciencias ma-temáticas, físicas y naturales; nociones de dibujo y música vocal; gimnástica, y conocimiento de la Constitución Nacional, para las niñas será obligatorio, además, los conocimientos de labores de manos y nociones de economía do-méstica (…)".
>
> Art. 14. Las clases diarias de las escuelas públicas serán alternadas con inter-valos de descanso, ejercicio físico y canto".

El proceso de formación del Estado Nacional encontró en el incentivo a la práctica de actividades físicas un aliado de suma utilidad. Desde la con-cepción de los ideólogos de la Generación del '80 la fortaleza espiritual y de carácter se encontraría al alcance de la mano con un mayor desarrollo físico de la población. La salud física era la precondición para potenciar la volun-tad de cultivar la moral y las buenas costumbres. Las mismas harían que el cumplimiento de las responsabilidades y deberes, la fidelidad a la patria y el apego al trabajo sean cuestiones cotidianas que tenían que fomentarse desde el ámbito escolar. Desde la perspectiva de las elites gobernantes, esto era particularmente necesario en momentos en que numerosos contingen-tes de inmigrantes llegaban a nuestro país alterando drásticamente y de modo definitivo la estructura demográfica, y, lo más importante, trayendo consigo ideologías portadoras de una fuerte crítica social (Lionetti, 2007).

Con la Ley 1420 en vigencia y la formación del sistema educativo na-cional empiezan a vislumbrarse las dos posturas que sostendrán una cons-tante pugna y que tendrán predominio por largos años: la militarista y la liderada por aquellos que apostaban por una enseñanza donde predomi-naran los juegos y los ejercicios libres, en sintonía con lo planteado por

---

5.   Se denominó así por el nombre del entonces Ministro de Justicia, Culto e Instrucción Pública.

los pedagogos, defendida con vehemencia por Enrique Romero Brest. En efecto, las ideas de este último tuvieron predominio institucional, pese a sus encumbrados oponentes desde 1898 hasta los inicios de la década de 1930, cuando luego del primer quiebre institucional liderado por José Félix Uriburu fue exonerado de sus cargos. Sus postulados pedagógicos, a los que hay que interpretar contextualizados en las primeras décadas del siglo XX, se encontraban permeados por específicas concepciones ideológicas que intentaban dar respuesta a ciertas problemáticas sociales como la construcción de la nacionalidad, el mantenimiento del orden, la formación de trabajadores y la reproducción de la sociedad (Scharagrodsky, 2006). Por su parte, la postura militarista fue ganando terreno de manera acelerada desde finales del siglo XIX. Como consecuencia, la idea de la preparación militar de los ciudadanos como aspecto central de la formación de la nacionalidad (Bertoni, 2001:216) fue deudora del clima político imperante. Los conflictos limítrofes con Chile, las grietas que empezaba a mostrar el régimen gobernante relacionadas a los reclamos de una mayor apertura política que derivaron en diversas revoluciones y atentados, el surgimiento del anarquismo como un movimiento que canalizaba la protesta social, todos estos hechos fueron centrales para que el Estado, a través del Ejército comience a mirar con simpatía las virtudes otorgadas por la preparación física y la gimnasia, prácticas que se consideraban estrechamente ligadas a la difusión de los valores morales y patrióticos que todo ciudadano debía poseer. Pronto estas propuestas didácticas de educación militar arribaron al espacio escolar. La celebración de las fiestas cívicas se convirtió en una ocasión propicia para exhibir la preparación de los niños, que desfilaban en los batallones escolares llevando armas y caracterizados con uniformes militares.

Los discursos que asociaban la educación física y la militarización reaparecían según el clima ideológico y las circunstancias políticas del país. Los festejos del Centenario de la Revolución de Mayo constituyeron un excelente motivo para que estas prácticas nuevamente obtuvieran visibilidad. Otro momento particular, afín ideológicamente, lo constituyó la década del treinta del siglo pasado, cuando afloró con fuerza, una vez más, el componente militarista en la Educación Física.

Las primeras instituciones formadoras de docentes de Educación Física reproducen estas concepciones en pugna en los inicios del sistema educativo nacional en lo concerniente a la educación del cuerpo. Es así que surge en 1897 la "Escuela de Gimnasia y Esgrima", institución dependiente del Ejército argentino y que funcionó hasta 1903 (Galak, 2012). Por su parte, Romero Brest implementó el Sistema Argentino de Educación Física, cuyo origen se enmarcó en los primeros cursos dictados para formar docentes de Educación Física en el año 1901, y gozó de la preeminencia en las escuelas hasta el año 1938. Siguiendo estos postulados didácticos en el año 1912 se conformó el "Instituto Nacional Superior de Educación Física".

Los conflictos entre ambas posturas continuaron durante la década de 1920 alcanzando su clímax en 1924 cuando se constituyó La Comisión Técnica de Educación Física, que tenía por principal función revisar los planes de estudio del Instituto, en aquel entonces único establecimiento en funciones encargado de la educación superior en la materia (Scharagrodsky, 2011; Galak, 2012).

Como se aprecia, desde las postrimerías del siglo XIX y en las primeras décadas del XX el decidido impulso a las actividades físicas formó parte de un conjunto de preocupaciones manifestadas por diversos actores e instituciones sociales en un proceso que distó de ser lineal. Pedagogos, políticos y militares fueron algunos de ellos (Armus y Scharagrodsky, 2013). Desde perspectivas divergentes, la importancia de los ejercicios físicos y su vinculación con el cuidado del cuerpo fue tomando un lugar cada vez más relevante en la arena pública, cuya consecuencia directa estuvo dada por el hecho de que la asignatura escolar Educación Física fue encontrando su lugar en el currículum educativo argentino.

Período 1930-1940

La década que se abre en 1930 es un período rico para la investigación, ya que muchos de los acontecimientos que harán eclosión en los años siguientes tienen su origen durante esos turbulentos años. Es menester tener en cuenta el contexto político y económico imperante, dado que el impulso dado a la industrialización por sustitución de importaciones provocó cambios en la estructura demográfica y social del país, empezando a emerger las primeras fisonomías de una sociedad de masas. Desde el punto de vista de las élites gobernantes se hizo perentorio el control y contención de estos nuevos actores societales que llegaban desde el interior del país para sumarse a la nueva clase obrera industrial, capaz de aglutinar tras de sí un gran frente social. Por eso mismo, durante el transcurso de dicho decenio, atender la cuestión social se convirtió en una tarea urgente frente a la amenaza –en general exacerbada desde las élites– latente del advenimiento del comunismo. En ese sentido, el rol de la Educación Física fue significativo.

La gobernación de Manuel Fresco signó decisivamente este tiempo histórico, en cuanto a la disciplina, y estimuló a que muchos procesos surgidos durante su mandato se extendieran a lo largo del país, aunque es justo remarcarlo, las innovaciones introducidas se encontraban basadas en vestigios de intentos pasados (Galak, 2012:250). Una de sus primeras medidas de gobierno, y que tendrá vastas consecuencias en el dispositivo de disciplinamiento de los cuerpos bonaerenses, fue la Reforma educativa impulsada por Roberto Noble, su ministro de gobierno. La misma se enmarcó en una novedosa orientación pedagógica que rechazó los postulados positivistas y que planteó una nueva hegemonía, de corte marcadamente disciplinador (Pineau, 1999:224). La reforma apuntaba a realizar cambios en el modelo de instrucción pública provincial para el fomento y desarrollo de los sentimientos patrióticos, morales y religiosos.

La escuela tal cual era concebida hasta el momento de la reforma, no formaba personas aptas para el trabajo manual, por otro lado *"ese enciclopedismo tan abundante como superficial contrasta generalmente con el raquitismo físico y el carácter vacilante y dubitativo del individuo"* (Noble, 1937:8). La finalidad de los establecimientos educativos será, a partir de aquí, el perfeccionamiento integral del hombre –tanto espiritual como intelectual– acompañada de una educación patriótica, física, moral y religiosa.

La creación de la Dirección General de Educación Física será un componente distintivo de esta reforma educativa. Los lineamientos de este organismo llegaron pronto hasta los rincones más recónditos de la provincia de Buenos Aires creándose en todos los municipios delegaciones de dicha Dirección. Su implementación se encuentra vinculada con la necesidad de formar el carácter, controlar y disciplinar los cuerpos ante "el inminente advenimiento del comunismo"[6]. Esta amenaza recurrente fue funcional para el desarrollo de un tipo de actividad física que tendía a exacerbar conductas marcadamente masculinas y hacía lo propio con las mujeres. El arquetipo también se encontraba en los roles asignados a los docentes encargados de llevar adelante la reforma, puesto que "la mujer ha de poner en la empresa su ternura y el hombre su vigor" (Fresco, 1940:12). Los estereotipos se reforzaban de este modo con la finalidad de crear un hombre nuevo[7]. Ese nuevo ser debía formarse desde la niñez con el propósito de formar alumnos viriles y disciplinados.

Gracias a la creación de esta repartición pública, "la niñez y la juventud de este Estado han podido aquilatar sus condiciones, vigorizar sus músculos, agilizar sus cerebros y elevar sus condiciones físicas y morales merced a la práctica de la actividad física" (Fresco, 1940:55). Los sectores conservadores en la década del treinta exaltaron la imagen de la niñez y la juventud reconociéndolos como los hombres del mañana. Como plantea Sandra Carli (2011), durante esos años el niño dejó de ser pensado como sujeto atado exclusivamente a la autoridad familiar o escolar, para ser ubicado en una relación directa con la patria y la nación. En los discursos pedagógicos tuvo lugar una especie de "vuelco" del niño hacia el futuro al reconocérsele desde el Estado su condición de miembro de la futura generación adulta.

Por su parte, en sus frecuentes actos y apariciones públicas, el gobernador Manuel Fresco se encargaba de establecer paralelismos entre el discurso médico que diagnosticaba que Argentina era un país enfermo como consecuencia del accionar de la democracia, y su posible sanación dado que

---

6. En una de sus primeras acciones de gobierno, el Partido Comunista fue prohibido por un decreto del gobernador Manuel Fresco.

7. Este discurso fue muy recurrente en diversos países en la década de 1930. Aparte de los conocidos casos de Alemania e Italia, la proliferación de estas ideas tuvieron lugar también en Estados Unidos, la URSS e Inglaterra. Véase Gené, 2005.

el trabajo físico formaría hombres fuertes y vigorosos que ayudarían para llevar al país a su inexorable destino de grandeza. "Fresco daba una particular prioridad a una cruzada de regeneración política y física a la vez para conjurar el estado degenerativo del pueblo argentino al que lo había conducido la democracia" (Vallejo y Miranda, 2008:49). Podemos afirmar que la particular mirada propiciada por la medicina de ese entonces se desplazó del exterior al interior del individuo. Índices hormonales desequilibrados, educación defectuosa, herencia mórbida, alcoholismo o morfología anómala serán vistos como características negativas que sólo las actividades gimnásticas y la práctica del deporte a través de las indicaciones establecidas tendientes a la búsqueda de la disciplina corporal podrán subsanar. Aquí encontramos con claridad una serie de fundamentos que nos revelan la trascendencia de la actividad física para la construcción de un tipo de ciudadano funcional al régimen gobernante.

Muchas de las ideas esbozadas por Manuel Fresco fueron plasmadas en un voluminoso libro impreso en el año 1940: *La educación física: una innovación de mi gobierno*. En el mismo puede apreciarse todo el proceso que desembocó en la creación de la Dirección General de Educación Física y Cultura. Fue así que dicha Dirección rápidamente se convirtió en un eficaz medio para lograr el porvenir físico de la raza, la inculcación de hábitos de higiene y de orden y "sanos" sentimientos nacionales. Las acciones del recientemente creado organismo tuvieron sus repercusiones en el ámbito educativo, y es por esta razón que en el currículum escolar se produjeron algunas modificaciones como la implementación de media hora diaria de gimnasia y la habitual concurrencia a campos de deportes (Pineau, 1999:208).

La gimnasia corporal empezó a manifestarse como uno de los objetivos prioritarios del gobierno de Manuel Fresco, influenciado en su voluntad de establecer dispositivos de disciplinamiento social, lo cual se encontraba indisolublemente ligado a sus concepciones políticas.

Durante la gobernación de Manuel Fresco fue frecuente la incentivación de las prácticas y rituales patrióticos tales como desfiles y actos públicos en los cuales la presencia de los niños bonaerenses fue una constante. La estrategia de promoción de un estereotipo físico a través de los desfiles fue compartida por el entonces Director General de Sanidad del Ejército, Dr. Eugenio Galli, quien consideraba a ese un medio eficaz de exhibir los cuerpos ejemplares (Vallejo y Miranda, 2008:209).

Estas concepciones favorecieron la promoción del desarrollo físico de las nuevas generaciones y asignaron un rol central a la cultura física, que adquirió una impronta militar. De ese modo, en el año 1938 el Sistema Argentino, creado por Enrique Romero Brest, fue suplantado a nivel nacional por una educación corporal nacionalista y militarista, cuyo vocero y ejecutor fue el general Adolfo Arana.

Del resultado obtenido en las actividades del nuevo organismo, habla elocuentemente el hecho de haber sido emulado más tarde por las provincias, y aun por la Nación, que creó posteriormente una repartición similar, con el evidente deseo de contribuir al remedio del abandono en que en este aspecto vivían los niños y los jóvenes. (Fresco, 1940:55)

Por intermedio del Decreto Nacional 107.165 del 4 de junio de 1937 se creó el Consejo Nacional de Educación Física, con la presidencia del Director General de Tiro y Gimnasia e integrado por representantes del Ministerio del Interior, Ministerio de Justicia e Instrucción Pública, Ministerio de Marina y Ministerio de Guerra. Parece ser que la exitosa experiencia bonaerense jugó un destacado rol en su creación. Su principal objetivo fue "el bienestar del pueblo y las necesidades de la defensa nacional" (AA.VV. RTNA, nº 322, 1937:42).

A su vez, desde el ámbito pedagógico se crea por Decreto Nacional 6.446 del 17 de junio de 1938 la Dirección de Educación Física dependiente del Ministerio de Justicia e Instrucción Pública, a cargo de César Vázquez, de destacada actuación posterior en el peronismo, siendo la permanencia de funcionarios estatales en cargos de trascendencia un signo indudable de continuidad con lo acaecido entre 1946 y 1955. El propósito de ese organismo fue complementar su acción con el Consejo Nacional de Educación Física.

Por su parte, por la Ley 4.653 de la Provincia de Buenos Aires, promulgada el 18 de enero de 1938, se convalidó el Decreto Provincial por el que se había creado la Dirección de Educación Física y Cultura. Vale la pena agregar que además de la provincia más grande del país, Córdoba, Santa Fe y Entre Ríos, así como la Municipalidad de la Ciudad de Buenos Aires, contaban con reparticiones destinadas al fomento de las actividades físicas.

Imaginarios en torno a la Educación Física entre 1940 y 1945

> *"Los objetivos de la Educación Física son higiénicos, económicos, estéticos, psíquicos y morales abarcando a todo el individuo"* (Filadoro, 1943:3)

Usualmente, los trabajos sobre Educación Física en nuestro país concluyen con el fin de la gobernación de Manuel Fresco, siendo el peronismo un período escasamente abordado. Aunque es menester señalar que un período aún menos estudiado que el que transcurre en la Argentina entre 1946 y 1955 es el que va de inicios de la década del cuarenta hasta 1945. No obstante, consideramos este lapso de tiempo como sustancial con vistas al futuro gobierno peronista. Diversos escritos, libros de textos y ponencias en Congresos del área educativa, circularon durante estos años y sirvieron para que los docentes de Educación Física se interiorizaran y, en muchos casos, apropiaran de los mismos. Varios de los postulados plasmados en sus páginas serán aplicados años después durante las presidencias de Juan Domingo Perón. También son cuantiosos los documentos efectuados por la Dirección General de Educación Física, dependiente del Ministerio de Justicia e Instrucción Pública. Consideramos que de un análisis de ambos tipos de documentos se desprende un particular estado de época que será fundamental para entender la Educación Física en el período peronista.

Para nuestro análisis utilizaremos un escrito del Profesor Normal de Educación Física, investigador y kinesiólogo universitario Tomás Filadoro, autor de numerosos trabajos sobre la Educación Física durante aquellos años. Pensamos que sus posturas, que aúnan conceptos médicos y pedagó-gicos, son una expresión del clima de ideas originadas en ese quinquenio[8]. En su texto *Educación física y trabajo,* Filadoro sostiene que los objetivos de las actividades físicas son múltiples y beneficiosos en el plano moral, intelectual y social. Afirma que son higiénicos dado que su práctica con-tribuye a que el funcionamiento del pulmón y del corazón sean mejores, lo que trae aparejado una mayor calidad de vida con más y mejor salud. También plantea que son económicos porque se procura lograr el mayor aprovechamiento con el mínimo de esfuerzo, esto traducido a la vida co-tidiana puede interpretarse como la dicotomía entre despilfarro y ahorro, tema de candente actualidad luego de las consecuencias de la crisis de la década del treinta del siglo pasado y que repercutieron desfavorablemente en la vida de los trabajadores (Filadoro, 1943:7).

> El individuo, al estar más en contacto con la naturaleza y más cerca de los hechos reales se hace menos fantasioso, acortando y allanando el camino hacia una vida mejor. Domina sus emociones, sus pasiones y se capacita me-jor frente a las contingencias malsanas propias de la mentalidad actual. (Fi-ladoro, 1943:4)

Las acechanzas de la eterna conflictividad social vivida en esos años, aparecen recurrentemente en su escrito:

> Como ladrillo que se pudre, cada individuo que se enferme, que sea débil, hace temblar el edificio social hasta que cae. (Filadoro, 1943:7)

> Si recordamos aquel principio en que se basa la Educación Física y que dice que el organismo es un todo, y que la fatiga mental trae la física y a la inversa, y que si está acompañada por insuficiencias orgánicas dadas por la pobreza de estímulos que atenúa la actividad vital más la vida antihigiénica y artificiosa, cuyas consecuencias son siempre las mismas, es decir, degeneración de los individuos, tara de los pueblos modernos. (Filadoro, 1943:8)

Desde su perspectiva, y ante los acuciantes problemas de la vida con-temporánea, es necesaria una mano capaz de encauzar al individuo, corre-girlo, modificarlo. Ese es el rol que debe ocupar la Educación Física y su contribución será formar ciudadanos disciplinados, rectos y trabajadores.

---

8.   Tomás Filadoro también escribió durante esos años *Aberración de la orientación deportiva* en 1940 y *Problemas de la Educación Física* en 1942.

Encontramos similares indicaciones en un manual, cuya primera edición data de 1941, pero que siguió usándose y reeditándose hasta bien entrado el gobierno peronista:

En el programa de Educación Física caben, pues, todas las actividades capaces de fomentar la salud, mediante el empleo correcto de la recreación que al misma tiempo concurra a la formación del carácter. (Wood, 1948:2)

La importancia destinada a la Educación Física en la construcción de un determinado tipo de ciudadano también se vislumbra por aquellos años:

La energía que mueve a una nación es la suma del pueblo (clase media y humilde) que es la masa mayor de una nación. Y si esa masa es sana, fuerte y feliz, la nación será rica y todopoderosa. (Filadoro, 1943:9)

Filadoro argumenta que no hay que esperar que el Estado se haga cargo de los problemas para la implementación de la Educación Física, y es por eso que hay que buscar los medios para que los trabajadores se enteren de sus efectos benéficos con la finalidad de hacer una patria mejor (Filadoro, 1943:15).

Por el contrario, durante el peronismo, será el Estado quien "orienta, regula, patrocina y universaliza" la práctica (*La Libertad*, 1949), y la retórica oficial no se referirá a la patria sino a la Nueva Argentina con frecuentes menciones al pueblo, tornándose visible, por un lado, el tipo de ciudadano requerido para tales propósitos, y por el otro los puntos de ruptura propiciados por el gobierno peronista con las propuestas precedentes.

En el plano social, la importancia de la Educación Física para este pensador es central, dado que

elimina sobre todo la lucha de clases, desarrollando el sentimiento de comunidad en la que el sentir como argentino es central ya que se fundamenta en los conceptos de familia y de respeto recíproco, aprendiendo que el derecho de uno termina donde comienza el derecho del otro. (Filadoro, 1943:12)

La finalidad es desarrollar y coordinar las aptitudes latentes en el individuo, con vistas a beneficiar a la sociedad mediante una vida plena de experiencias satisfactorias, pero con la finalidad de obturar el latente conflicto social (Wood, 1948:1).

En sintonía con los regímenes gobernantes, la crítica a la democracia en el plano político aparece de modo visible, aunque, complementariamente, se propugna una democratización ligada a características distintivas de la actividad deportiva:

En el campo de deportes, en el gimnasio, todos somos iguales, tenemos las mismas posibilidades, el esfuerzo común para el logro de un triunfo sobre el adversario en el campo deportivo, desarrolla la solidaridad y unifica el esfuerzo compartido. El individuo idealiza gestos nobles, finalidades generosas y altamente humanas, anulando los comentarios comunes en el medio promiscuo de las fábricas, sindicatos y comités. (Filadoro, 1943:13)

La Educación Física colabora decididamente en la formación de individuos trabajadores, nobles y que respeten a las instituciones, lejos de las "ideas peligrosas" que atentan contra la familia y el hogar. Nuevamente las contribuciones de la Educación Física son plasmadas en la formación de un particular tipo de ciudadano.

El texto de Filadoro, a su vez, toma postura a favor del juego, en lo que era una de las discusiones de la época, y que durante el peronismo queda definitivamente dirimida. Para el autor, con el desarrollo de actividades lúdicas se aprende a luchar, a perseverar en el esfuerzo, hasta la obtención de un triunfo simbólico que luego podrá aplicarse a la vida real. El juego enseña a respetar, pues hay leyes que limitan el libre albedrío del individuo, que enseñan a respetar al contrario, que encauzan, miden y limitan sus impulsos (Filadoro, 1943:11). Desde esta perspectiva, el juego disciplina y desarrolla el espíritu de sociabilidad.

La creciente trascendencia de los juegos también tenía su lugar en los documentos oficiales:

> La importancia de los juegos y los deportes se encuentra basada en la necesidad de efectuar actividades naturales, en tomar conciencia de la responsabilidad y respeto al prójimo en la observancia de los reglamentos, en la creación del espíritu de solidaridad y abnegación. Formación del carácter. Debe buscarse la exaltación de la personalidad de los jóvenes en sus aspectos físicos y morales. Las competencias deportivas ofrecen motivos de felicidad y educan en la persecución de altos ideales. Se buscará fomentar la competencia por equipos para combatir nuestro espíritu individualista, despertando, a su vez, en los alumnos afecto por el colegio. (Ministerio de Justicia e Instrucción Pública, Dirección General de Educación Física, Anexo al Programa de Educación Física, 1944:15)

Por tal motivo:

> Los alumnos deben ser conscientes de que trabajan hacia la consecución de un objetivo superior, no sólo físico sino social, que reproducidos en otras actividades de la vida significa carácter, cultura, sociabilidad y sentimientos propios de su sexo. (Ministerio de Justicia e Instrucción Pública, Dirección General de Educación Física, Anexo al Programa de Educación Física, 1944:5)

Algunos postulados de indudable origen escolanovista pueden encontrarse tanto en documentos oficiales como en manuales de la época:

> Si los profesores ponen amor y empeño podrán vencer los obstáculos que aparecen a primera vista. Los profesores vestirán un uniforme impecable y serán joviales y fraternales. La disciplina no se obtiene a fuerza de gritos, sino que surge de un entendimiento afectivo y del respeto mutuo. (Ministerio de Justicia e Instrucción Pública, Dirección General de Educación Física, Anexo al Programa de Educación Física, 1944:22)

Es importante aludir que durante esos años, numerosas leyes y decretos son instrumentados en lo referente a la actividad. El caso que más nos interesa es el Decreto Nacional 11.077 del 2 de mayo de 1944. Por su intermedio se instituyó como "Día de la Educación Física" al último sábado de octubre de cada año. Creemos que esta es una decisión relevante. Por un lado nos manifiesta la creciente importancia de las actividades físicas durante esos años y, por el otro, de los considerandos del decreto se desprende una serie de conceptos que vale la pena señalar. En efecto, entre otras cuestiones se sostiene que la Educación Física contribuye con la formación de la personalidad de los futuros ciudadanos del país. A su vez se propugna la importancia de la creación de una conciencia colectiva, concepto que entra en contraste con la visión liberal que auspicia un desarrollo individual. Empero, lo más importante con vistas a nuestro objeto de estudio se encuentra en el incentivo estatal de difundir manifestaciones populares. Será el peronismo el encargado de hacerlas masivas y visibles en el Estadio Monumental del Club Atlético River Plate, en la zona norte de la ciudad. A tales efectos, es necesario resaltar que si bien existen elementos de continuidad entre el período abierto por la llegada a la gobernación de Manuel Fresco y lo acaecido durante el período peronista en materia de Educación Física, son más numerosas las cesuras. La principal es que no tiene el mismo significado llevar a cabo una propuesta sobre educación de los cuerpos en un proyecto provincial enmarcado en el contexto del denominado "fraude patriótico", que realizarla en el marco de un ideario nacional democratizador y plebiscitario. Podemos afirmar que entre 1946 y 1955 se llevó adelante:

> ...un tipo particular de cultura física que caracteriza los primeros dos gobiernos peronistas: donde entre otros mecanismos, las políticas peronistas sobre el cuerpo y el movimiento resultaron militaristas pero no beligerantes, populistas aunque incipientemente masificadoras, incluyentes aunque sin desprenderse de los sentidos excluyentes propios del deportivismo, patrióticas y conservadoras aunque con prácticas y discursos hasta entonces revolucionarios, con hincapié en la formación (del deportista, del trabajador, del ciudadano) aunque sin ser escolar y ampliando la oferta por fuera de los muros escolares, no necesariamente patriarcales aunque respetando las formas deportivistas heterosexuales y masculinas de la época. (Galak y Orbuch, 2014:6)

La puesta en práctica de estas características distintivas durante el gobierno peronista contribuyó decididamente a terminar de dirimir las polémicas en torno a las distintas corrientes que pugnaban por imponer una hegemonía sobre la educación de los cuerpos.

◆

En este capítulo inicial hemos indagado sobre la Educación Física previa al advenimiento del peronismo al gobierno y hemos podido precisar que ésta fue una preocupación inclusive anterior a la formación del sistema educativo nacional. Sobresalen en esos años las figuras de Juana Manso y Domingo Sarmiento como dos ideólogos que pusieron entre sus objetivos prioritarios la necesidad de educar los cuerpos. Muchas de las ideas del sanjuanino fueron implementadas en ocasión de la sanción de la Ley 1420, nodal en el campo educativo en nuestro país, tales como la necesidad de hacer ejercicios físicos todos los días. Ya sancionada dicha ley, pudimos establecer que hacia fines de siglo XIX quedaron firmemente establecidas dos posturas que disputaron la hegemonía y que alternativamente tuvieron presencia estatal al calor de los vaivenes políticos e institucionales: la militarista y la encarnada por Romero Brest, quien buscó priorizar los aspectos más didácticos de la disciplina, criticando a los "ejercicios militares y el juego sin método" (Brest, 1903:6) de sus oponentes ideológicos. Las primeras instituciones formadoras de docentes de Educación Física reproducen estas concepciones en constante tensión. En efecto, en 1897 es creada la "Escuela de Gimnasia y Esgrima", institución dependiente del Ejército argentino. Como contrapartida, Romero Brest instrumentó el Sistema Argentino de Educación Física, cuya génesis radica en los primeros cursos dictados para formar docentes de Educación Física en el año 1901, y gozó de primacía en las escuelas hasta el año 1938.

La década que se abre en 1930 significó el retraso de la postura representada por Romero Brest debido a la primera interrupción del orden constitucional. En ese contexto hay que entender el arribo de Manuel Fresco a la Gobernación de la Provincia de Buenos Aires. El gobernador se encargaba de realizar de modo frecuente analogías entre el discurso médico señalando que el nuestro era un país enfermo como consecuencia de la democracia y su curación futura merced al denodado trabajo físico. La creación de la Dirección General de la Educación Física bonaerense impulsó la erección del Consejo Nacional de Educación Física a nivel nacional. La experiencia fresquista fue relevante en lo que hace a la educación del cuerpo y a la creación de estereotipos masculinos y femeninos tanto en docentes como en alumnos.

El quinquenio que va de 1940 a 1945 es rico en teorizaciones y discusiones e influenciará el período venidero que analizaremos en el próximo capítulo. Allí encontraremos una confluencia entre el saber médico y el profesional. Las posturas morales tuvieron un marcado predominio y comenzó una acendrada defensa del juego, uno de los debates del momento, que el peronismo, como analizaremos en el próximo acápite retomará. Otro tema que será reapropiado será el intento de direccionar la Educación Física con vistas a formar un ciudadano disciplinado. En ese sentido indagaremos sobre la abundante legislación existente al respecto durante el período que corre entre los años 1946 y 1955, del mismo modo que realizaremos un minucioso análisis de los discursos proferidos por Perón y que hagan mención a la Educación Física o al deporte, lo que nos revelará que la educación de los cuerpos constituyó un eje fundamental de gobierno.

Capítulo 2
Políticas educativas en Educación Física durante el peronismo

> *"No existen leyes que regulen, protejan y organicen la actividad física de la población. Para la inteligencia de los hombres se ha legislado extraordinariamente; vean ustedes todas las leyes sobre enseñanza y organización de la enseñanza. Y posiblemente con esto se ha estado haciendo algún mal al país. Sí, porque nos ha interesado tener hombres muy inteligentes sin distinguir si lo eran para el bien o para el mal"* (Perón, 1954b:7).

En esta sección buscaremos señalar las numerosas transformaciones que en el plano de la normativa se dieron a lo largo del período comprendido entre 1946 y 1955. Su debate, aprobación y aplicación posterior es indicativo de la importancia que empieza a tomar la disciplina en todo el país en el periodo analizado. Nos parece importante interpretar dichas modificaciones como el establecimiento de nuevos *"dispositivos de regulación"*. Este concepto es tomado de la tradición foucaultiana, que en el plano educativo fue abordado en especial por Thomas Popkewitz. El autor plantea que las reformas educativas deben ser consideradas como parte del proceso de regulación social, y prefiere este concepto al de control social a los fines de "resaltar la importancia de los elementos activos de poder en la producción y disciplina sociales de las capacidades de los individuos" (Popkewitz, 1998:15). De esta forma, regulación, en directa oposición a control, invita a dejar de comprender a las prácticas del poder, en este caso las leyes educativas, como meras instancias represivas, que prohíben ciertas acciones o concepciones, para comprenderlas como productivas, esto es, que crean determinadas acciones o concepciones. En ese sentido, la numerosa actividad legislativa desplegada por el Estado esos años, y relacionada con la Educación Física, constituye un ejemplo de lo mencionado. Esta forma de concebir la actuación del poder, haciendo hincapié en la producción en detrimento de la represión, implica concebir a la relación saber/poder como intrínsecamente ligadas entre sí. La regulación social conlleva la generación y el despliegue de conocimientos específicos. Es necesario, entonces privilegiar el análisis de los saberes que están operando. Históricamente, para construir la regulación, fue necesario no sólo generar nuevos saberes, sino ordenarlos de forma concreta en las disciplinas. Estos saberes se materializan en un conjunto de dispositivos específicos, cuyo funcionamiento permite la regulación y ordena las prácticas concretas (Pineau, 1998).

Abordar el itinerario normativo de una asignatura supone reconocer, inicialmente, que la misma forma parte del currículum escolar conceptualizado como una construcción social, intencionalmente conformada, que refleja elecciones conscientes o inconscientes coincidentes con los valores y creencias de los grupos dominantes de la sociedad. Partiremos de la base que, desde nuestra interpretación, el currículum bajo ningún concepto es un producto cultural estático, monolítico y que se encuentra permanentemente anclado como referencia estanca de la vida académica. Consideramos que se construye día con día en la arena social y en la toma de posición de las comunidades académicas. A su vez, está inmerso en el conflicto social, en el espacio de la negociación, pues cada uno de los interesados, sean docentes, estudiantes, autoridades, padres de familia o tecnócratas, desde su lugar participa en la producción de sentido. De ahí su movimiento constante, sus continuas recreaciones, su ineludible complejidad, su inevitable condición de conflicto. El currículum escolar constituye lo que en términos de Bourdieu podríamos definir como un campo de fuerzas en constante disputa, que "puede verse como portador y distribuidor de prioridades sociales" (Goodson, 1995:53).

Para el caso argentino, vale la pena aclarar que las decisiones acerca de las cuestiones sobre las que se debe ejercer algún tipo de regulación en relación con la Educación Física están mediadas por las negociaciones, articulaciones y conflictos entre tres ámbitos interesados en obtener un lugar en la conformación de dicha asignatura escolar: el campo cultural de las actividades físicas y deportivas, el campo de las ciencias biológicas, sociales y de la salud y el campo pedagógico (Gómez, 2006:252).

Las actividades físicas que buscaban una mejora corporal de los alumnos no sólo tuvieron lugar en el horario escolar, sino que pronto comenzaron a inmiscuirse en las diversas actividades de la vida cotidiana. En ese sentido, las prácticas pedagógicas, que exceden las relaciones que se establecen en la escuela, como en el caso analizado pueden ser interpretadas como dispositivos especializados de producción y reproducción de la cultura (Bernstein, 1998:36).

Los aportes de Bourdieu y Passeron son esclarecedores al respecto. El trabajo pedagógico desarrollado puede ser pensado como un

> trabajo de inculcación con una duración, suficiente para producir una formación duradera, o sea, un hábitus como producto de la interiorización de los principios de una arbitrariedad cultural capaz de perpetuarse una vez terminada la acción pedagógica. (Bourdieu y Passeron, 1999:72)

Nos parece pertinente aclarar que esto de ningún modo puede ser interpretado como algo inexorable, dado que:

El *habitus* no es el destino, como se lo interpreta a veces. Siendo producto de la historia, es un sistema abierto de disposiciones que se confronta permanentemente con experiencias nuevas, y por lo mismo, es afectado también permanentemente por ellas. Es duradera, pero no inmutable. (Bourdieu, 1992:109)

Es menester dejar expresado que si bien en la práctica cotidiana no tenemos conciencia de la existencia de ese mecanismo que Bourdieu denominó *habitus*, y mucho menos de su funcionamiento, éste se presenta en la mayor parte de nuestra vida diaria, representando la dimensión subjetiva de la cultura (Ávila, 2004:161). Podemos afirmar que:

> el habitus es la historia hecha cuerpo. En ese sentido, el cuerpo es el habitus, pero es un cuerpo historizado, que puede definirse como el modo en que uno hace carne las condiciones objetivas de afuera, externas al individuo. Las prácticas, las representaciones, las vivencias, las experiencias, los sentimientos –sociológicamente hablando– son la expresión de ese cuerpo socializado, historizado, bajo la forma de un habitus. (Gutiérrez, 2012)

De ese modo, es en el marco de dicha acción pedagógica que lo seleccionado arbitrariamente es designado como digno de ser transmitido, por el solo hecho de que se lo transmite legítimamente, mientras que lo que no se transmite, es decir lo arbitrariamente excluido, no necesita ser deslegitimado porque no existe (Bourdieu y Passeron, 1998:67). Se procura de ese modo perpetuar en diversos contextos de la vida cotidiana los principios de la arbitrariedad interiorizada por cada uno de los sujetos. En última instancia, lo que se busca es construir una forma de subjetividad portadora de una disposición permanente que propicie, en situaciones sociales que trasciendan lo meramente escolar, el comportamiento esperado y esperable impuesto por la arbitrariedad cultural dominante.

Leyes y decretos

Son numerosas las disposiciones legislativas adoptadas por el peronismo que buscaron impulsar las actividades físicas. El 26 de septiembre de 1946, el Senador Nacional Diego Luis Molinari presentó un proyecto de Ley proponiendo la creación de la Dirección Nacional de Educación Física bajo la órbita del Ministerio de Guerra. El 23 de octubre del mismo año, primero del novel gobierno, los Diputados Nacionales Manuel Sarmiento, Antonio Benítez y José Emilio Visca, elaboraron un proyecto de Ley que creó el Consejo Nacional de Educación Física y Medicina del Deporte, en dependencia de la Secretaría de Salud Pública. En esa repartición se buscó unir el aspecto sanitario con el deportivo. La misma especialidad se situó dentro de la rama denominada medicina social, de la cual el Ministro Ramón Carrillo fue un singular exponente, que luchaba contra los factores indirectos de la enfermedad y mortalidad y buscaba asegurar la prolongación de la vida útil del hombre. Por tal motivo, el gobierno peronista buscó interpelar al cuerpo docente para que éstos se encarguen de la transmisión de estrictos valores sanitarios. Sus tareas se vincularon a la Medicina Social que se centraba en la educación sanitaria del pueblo, el examen médico periódico y la profilaxis por un tratamiento adecuado, entre otras acciones. De ese modo, el rol de la escuela y de los docentes como transmisores de la educación sanitaria adquirió un importante protagonismo. La Dirección de Medicina del Deporte tuvo una destacada actuación en los Torneos infantiles "Evita" y Juveniles "Juan Perón" al realizar los exámenes predeportivos a los niños que intervinieron en los mismos (Cornelis, 2012:128).

> La Dirección de Higiene y Medicina del Deporte contribuye al perfeccionamiento del ser humano en su doble faz física y espiritual: esta atención y contralor se realiza desde el niño hasta el adulto, aconsejando la gimnasia y los juegos deportivos que debe practicar de acuerdo a sus condiciones y cualidades psicofísicas. (Almanaque de la Salud, 1948:72)

Se esparcieron por todo el país los Centros de Medicina del Deporte con la finalidad de servir como un lugar de sano esparcimiento físico para niños, obreros, empleados y estudiantes, quienes encontraron allí el asesoramiento para la práctica de actividades físicas. Paralelamente se desarrollaron en esos centros diversas actividades culturales tales como clases de cerámica, de danzas nativas y clásicas y conferencias destinadas a acrecentar el nivel cultural de la población. Cada uno de estos centros estaba compuesto por:

> Comedores, los que se hallaban regidos por un dietólogo (...) bibliotecas, salas de primeros auxilios y de cirugía menor, salas de exámenes médicos y salas de roengendiagnóstico. (Almanaque de la Salud, 1948:72)

De la Dirección de Higiene y Medicina del Deporte dependía el Instituto de Fisiopatología del Deporte. La misma contaba con una escuela de médicos especializada en actividades físicas y deportes. También se dictaron cursos específicos para profesores de gimnasia, kinesiólogos, entrenadores y profesores de natación. El objetivo era

> acabar con el empirismo que reina en materia de gimnasia adaptando estas actividades a un riguroso contralor científico que llevará nuestra raza a un elevado perfeccionamiento físico y espiritual. (Almanaque de la Salud, 1948:72)

Otra de las medidas tomadas por el Estado fue la organización de un Departamento de Educación Física en cada institución educativa. Los mismos estaban compuestos por profesores de la asignatura, maestros, odontólogos y médicos, con el objetivo de efectuar un fichaje físico-médico y un catastro radiográfico de los alumnos, para que las prácticas físicas se realizaran bajo un estricto control científico (Cornelis, 2012:130).

En el Plan General de Gobierno 1947-1951, luego conocido como "Primer Plan Quinquenal", se preveía en el rubro Defensa Nacional, capítulo Ejército, la creación de la Dirección Nacional de Educación Física y en el apartado "Vinculación del Ejército con el Pueblo" se puede leer que: "Los gimnasios y campos de deportes de las unidades serán facilitados a los colegios vecinos en determinadas horas, cooperando así en el mejoramiento físico de nuestro estudiantado" y ya no sólo por una parte de ésta. Asimismo, el Plan aboga por lograr un equilibrio entre la inteligencia, el alma y el cuerpo fomentando la cultura física en la población. Por cierto, esto aparece como una reacción afirmativa a una sugerencia de la Junta Interamericana de Defensa de 1945, referida a la preparación física de contingentes de personas (Argentina, 1946). Es decir, puede observarse cómo la cultura física es utilizada por el Estado como herramienta para conseguir objetivos políticos, de modo tal que en lo militar y lo regional subyacen las razones para realizar actividades físicas institucional y centralizadamente promovidas.

El Artículo 23 de la Ley 12.932, que sancionó el Presupuesto Nacional para 1947, decía:

> Se autoriza al Poder Ejecutivo Nacional a otorgar, con asesoramiento de la Comisión Nacional honoraria de Fomento al Deporte, préstamos en efectivo destinados a financiar la construcción de estadios, campos e instalaciones para deportes.

Recibieron los beneficios otorgados por esa ley los clubes: Sarmiento de Junín, Chacarita Juniors, Platense, River Plate, Atlanta, Touring Club Argentino, Racing de Avellaneda y Unión de Santa Fe. En los decretos que otorgaban estos préstamos se incluía el siguiente artículo, en sintonía con la promoción que hacía el Estado del uso del espacio público:

> se obligará a acordar las franquicias que oportunamente requiera el gobierno de la Nación y de la Provincia... para los alumnos de la enseñanza primaria y media para la práctica de los deportes y concurrencia a los espectáculos deportivos por él organizados...

Jorge Arizaga, subsecretario de Instrucción Pública y profesor de Educación Física, impulsó la primera reforma del sistema educativo peronista implementada por el decreto nº 26.944 el 4 de octubre de 1947. En la misma, encontramos algunos conceptos que nos revelan la trascendencia que tuvieron las actividades físicas durante el peronismo, y que ayudarán a hacer una escuela que "no se encuentre agobiada de teoría y quehaceres superfluos" (Arizaga, 1947:7). Uno de los objetivos de la mencionada reforma será desarrollar en los alumnos las fuerzas físicas necesarias para formar hombres para la Argentina y para el momento en el que viven (Arizaga, 1947:9).

La creación del Consejo Nacional de Educación Física mediante Decreto Nacional 34.817 del 6 de noviembre de 1947 constituyó otra medida para destacar. Este Organismo se encontraba bajo la dependencia del Ministerio de Guerra y se ocupaba de

> dirigir, orientar, formar y fiscalizar todo lo referente a la educación física oficial y privada. Ello comprende: la gimnasia, los juegos y deportes, recreación, las colonias de vacaciones y los campamentos. (Lupo, 2004)

La mencionada iniciativa puede interpretarse como un elemento de continuidad respecto a entes gubernamentales preexistentes como la "Dirección

General de Tiro y Gimnasia" dependiente del Ejército o la "Dirección General de Educación Física y Cultura" impulsada por Fresco. Por cierto, estos organismos, sobre todo el último, influyeron en la creación en 1938 del primer "Consejo Nacional de Educación Física", posteriormente discontinuado por cambios de bandería política a nivel nacional (Galak, 2012). Empero, aún con cierta continuidad institucional y un marcado espíritu institucionalizador masificante, el peronismo resignificó los objetivos de estas entidades con el objeto de nacionalizarlas pero manteniendo el carácter verticalista propio de las políticas gubernamentales y de las retóricas peronistas.

A principios de 1948, el gobierno peronista estableció un decreto por el cual se instituyó el Método único para la práctica de la Educación Física en todo el país, dando un paso más hacia el centralismo (véase el anexo II).

El 11 de marzo de 1949 entró en funcionamiento la Nueva Constitución Nacional. En la misma encontramos numerosas apelaciones a la Educación Física y al deporte como parte de los derechos que la nueva Carta Magna viene a reconocer. En el nuevo artículo 37 que incorpora cuantiosos derechos sociales, en la parte I (Del trabajador), ítem 5, se plantea como relevante y como una cuestión de importancia social el derecho a la preservación de la salud y el cuidado de la salud física y moral de los individuos. En el ítem 6 se reconoce el derecho de los trabajadores al bienestar, y se hace hincapié en el disfrute del espacio público. En la parte III (De la ancianidad), punto 5, hallamos el Derecho al cuidado de la salud física de los ancianos como un deber ineludible de la sociedad. Mientras que en la parte IV (De la educación y la cultura), ítem 1, observamos el esfuerzo estatal en el fomento de las actividades físicas, ya que "la enseñanza tenderá al desarrollo del vigor físico de los jóvenes" (Constitución de la Nación, 1949).

El 14 de marzo de 1949 se aprobó el reglamento para el ingreso a los Institutos Nacionales de Educación Física, y el respectivo régimen de otorgamiento de becas para seguir los estudios del profesorado. Entre otras cuestiones para destacar, encontramos que en el Instituto para varones, los alumnos se encontraban en condiciones de cursar en calidad de externos o internos. Las becas sólo estaban disponibles para estos últimos. En el Instituto para niñas las alumnas eran todas externas, y un sector de las mismas podían ser acreedoras de becas o medias becas. Los varones aspirantes a becas residían en el Instituto Nacional de Educación Física "General Belgrano" y las niñas debían procurarse alojamiento por su cuenta y cargo.

Los becarios recibieron los siguientes beneficios: pasajes para su traslado desde y hasta sus hogares, que se renovaban anualmente mientras conservaban su condición de tales; matrículas; derechos de exámenes; certificados de estudios; alojamiento y alimentación; trajes; ropas de vestir y equipos deportivos; elementos de higiene personal; libros y útiles; viajes y visitas. Las becas concedidas a los alumnos se extendían hasta el término de la carrera del profesorado (Resolución Ministerial del 14 de marzo de 1949, aprobando el Reglamento para el ingreso a los Institutos Nacionales de Educación Física, y el respectivo régimen de otorgamiento de becas para seguir los estudios del profesorado).

Es importante señalar que en esos años empezaron a crearse distintos organismos relacionados a la actividad física en todo el país. Es así como fueron creadas las Direcciones Generales de Educación Física de Santiago del Estero el 20 de marzo de 1950, la de Tucumán el 15 de septiembre del mismo año, la de Entre Ríos el 10 de noviembre de 1951, la de La Rioja el 3 de octubre de 1952, la de Corrientes el 15 de septiembre de 1953, y, pocos días antes de la interrupción del orden constitucional, en septiembre de 1955, la Dirección General de Educación Física en San Juan.

El 27 de febrero de 1952, a través del expediente 2602/52, y respondiendo a las solicitudes del Instituto Nacional de Educación Física General Belgrano, ubicado en San Fernando, se hicieron diversas reformas tendientes a elevar el nivel de la enseñanza, perfeccionar la formación de los profesores y especializarlos en las ramas deportivas que la exigencia de la profesión requiere. Entre las mismas encontramos la posibilidad de poder realizar cursos complementarios regulares. Para tal fin se agregaron de modo experimental al programa cuatro horas cátedra (Boletín de comunicaciones nº 213).

Mediante el Decreto 5.526 del 18 de marzo de 1952 se dispuso la organización de la Dirección de Educación Física en el Ministerio de Educación. Dicho Ministerio aprobó por Resolución del 2 de junio del mismo año el reglamento orgánico de la mencionada Dirección. Asimismo, por Decreto Nacional 6.711 del 4 de abril de 1952 se creó la Federación Deportiva Militar Argentina dependiente del Ministerio de Defensa, con la misión de "fomentar y accionar las actividades físico-deportivas de las Fuerzas Armadas".

El Segundo Plan Quinquenal, cuyos propósitos fueron aprobados por la Ley Nacional 14.184, promulgada el 29 de diciembre de 1952, contempla los objetivos Generales y Especiales en materia de Educación Física, Cultura Física y Deporte. Un análisis de esos postulados nos revela el decidido apoyo estatal en pos del desarrollo de la cultura física del pueblo. El deporte fue pensado como un medio para la elevación del bienestar y la cultura popular. A tales efectos el Estado fue un decidido promotor de diversas competiciones en todo el país, contando los participantes con apoyo financiero, técnico y médico (2° Plan Quinquenal, Presidencia de la Nación, Secretaria de Informaciones. Buenos aires, 1953:103-104).

Mediante el Decreto Nacional 4.199 del 12 de marzo de 1953, se impartieron directivas para la enseñanza de la Educación Física en los colegios primarios y secundarios. En lo concerniente a la escuela primaria, se tornó obligatoria su enseñanza en el ciclo Básico y el Superior. En lo referido a la secundaria se amplió al ciclo Superior la obligatoriedad de cursar la asignatura (Gómez, 2006:280).

El 7 de diciembre de 1953, a través del expediente 100.498/53, se aprobaron las nuevas normas para el ingreso al Instituto Nacional de Educación

Física "Manuel Belgrano". En los considerandos encontramos frases de indudable raigambre peronista y que explicitan el cambio de época vivido:

> De acuerdo al Segundo Plan Quinquenal [...] El Pueblo ha de tener libre acceso a todas las fuentes del conocimiento y a todos los centros de enseñanza. (Boletín de comunicaciones nº 308)

Entre las condiciones encontramos que para poder inscribirse los aspirantes debían poseer título de Maestro Normal, Bachiller, Perito Mercantil o Egresado de Escuela Industrial. Asimismo podían ingresar los alumnos que hubieran aprobado todas las asignaturas del penúltimo curso de los ciclos del Magisterio, Bachillerato o Comercial. En ese caso deberán completar sus estudios en establecimientos de enseñanza media de la zona, simultáneamente con el Primer Año del Profesorado en Educación Física (Boletín de comunicaciones nº 308).

La edad mínima para el ingreso era de 16 años y la máxima de 25. Se requería "presencia profesional y aptitud vocacional". Toda la maquinaria estatal implementada durante el gobierno peronista, como veremos a continuación, se puso en marcha con la finalidad de determinar las condiciones establecidas para el ingreso, las cuales se comprobaron mediante los siguientes requerimientos:

a) Presentación de una solicitud de ingreso acompañada de los documentos que a continuación se detallan:

1. Certificado de estudios legalizado;

2. Certificado de vacunación antivariólica;

3. Certificado expedido por Servicios Médicos Oficiales, Policlínicos de la localidad o profesional privado, dejando constancia que: "el aspirante no presenta enfermedad infecto-contagiosa ni parasitaria". La validez de este certificado caduca para el Instituto a los quince días de ser recibido;

4. Partida de nacimientos legítima;

5. Certificado de Concepto en la práctica de la Educación Física, y constancia de buena conducta, expedidos por la Dirección del establecimiento del que proviene;

6. Antecedentes de su actuación en el Cuerpo de adalides y Club Colegial;

7. Certificado de salud buco-dental;

8. Autorización del padre, tutor o encargado, si fuera menor de edad;

9. Constancias de actuaciones deportivas.

b) Examen físico médico. Se realizará de acuerdo con las exigencias contenidas en la ficha físico médica en vigencia. (Boletín de comunicaciones nº 308)

El nuevo plan de estudios del Instituto Nacional de Educación Física "Manuel Belgrano" fue aprobado por Decreto Nacional Nº 10.109 del 21 de junio de 1954.

Nora Gómez (2006) aporta un dato central a los fines de nuestra investigación: entre 1930 y 1955 se sancionaron el 94,22% de las normas relacionadas a la Educación Física en el período comprendido entre 1880 y 1955. De este total, la mitad se implementó durante 1946 y 1955. Esto coincide con los años en los cuales Perón estuvo en el gobierno y no puede desligarse del concepto de biopolítica foucaultiano que desarrollamos previamente.

La nueva tecnología introducida está destinada a la multiplicidad de los hombres, pero no en cuanto se resumen en cuerpos sino en la medida en que forman, al contrario, una masa global, afectada por procesos de conjunto que son propios de la vida, como el nacimiento, la muerte, la producción, la enfermedad, etcétera. (Foucault, 2000:220)

De esta manera, la regulación de poblaciones precisó el desarrollo de toda una serie de técnicas y saberes científicos, entre los que adquieren relevancia las estadísticas, la creación de determinadas instituciones y la sanción de numerosas leyes, fundamentales para crear el andamiaje jurídico estatal necesario sobre el cual el peronismo pudo efectivizar sus políticas en materia de Educación Física.

Los discursos de Perón

"En mi época de muchacho estos centros intelectualoides de ignorantes que existen en todas partes del mundo, decían que la gimnasia era cosa de brutos, ahora los tiempos han cambiado. Ahora los locos son los que no quieren hacer gimnasia, porque todos saben que la gimnasia, el deporte, es algo que no solo los vigoriza y los fortalece fisiológicamente, es decir, no es solo que vigoriza el sistema nervioso, los órganos, los músculos, los huesos, sino también que les crea una mejor inteligencia y les forma un alma mejor" (Perón, 1954b).

Juan Domingo Perón consideró que la Educación Física cumplía un rol trascendente en el gobierno de la educación y en la formación del futuro ciudadano que habitaría la "Nueva Argentina". Desde su llegada a instancias de poder en el año 1943 en la Secretaría de Trabajo y Previsión, hasta su destitución de la Presidencia por el golpe de Estado de 1955, el tema estuvo recurrentemente presente tanto en sus discursos como en sus acciones de gobierno. Vale la pena aclarar que Perón no esbozó teoría alguna sobre la Educación Física, ni tenía porque hacerlo dado que sus prioridades gubernamentales se encontraban direccionadas en subsanar las penosas condiciones de vida de los trabajadores argentinos. Podemos afirmar sin ambages que no hubo una teoría peronista sobre la educación de los cuerpos. Lo tangible, durante 1946 y 1955, es que sí existió una política sobre los cuerpos, tal cual hemos analizado con la profusa sanción de leyes, reveladora del sentido otorgado a la misma como una herramienta propicia que tuvo como finalidad desplegar un dispositivo biopolítico para transmitir la doctrina justicialista (Galak y Orbuch, 2014).

> En efecto, el denominado "peronismo clásico" cumplió un rol trascendente en lo que refiere al desarrollo de la cultura física institucionalizada en la Argentina. Desde su concepción, los ejercicios corporales fueron un componente encomiable de la educación integral que se ansiaba lograr, en una crítica directa a la educación de tipo enciclopedista que predominaba hasta entonces en el sistema educativo argentino, respetando de ese modo el sentido tradicional de la pedagogía integralista que subordina lo físico a lo intelectual y a lo moral. De ese modo, la directa vinculación existente entre la Educación Física, los deportes y las gimnasias resultó clave para masificar políticas estatales a través de prácticas corporales que proliferaron a lo largo y ancho del país. (Galak y Orbuch, 2014:2)

La actividad física fue un tema de preocupación para Perón desde la temprana fecha de 1922 cuando adapta para el Ejército Argentino el "Reglamento de Gimnasia Militar" (Newton, 1955:33). Al año siguiente publica el artículo "Ejercicios corporales en la Biblioteca del Suboficial" y en 1924 redacta un *Manual de Higiene militar*, en una de cuyas páginas anticipa un concepto de importancia para sus acciones futuras: "Cultivar el alma es el supremo fin; cultivar el cuerpo es el supremo medio". Las influencias recibidas en el Ejército parecen haber hecho mella en sus pensamientos. Fue allí donde estrechó lazos con su tío segundo, Conrado Perón, maestro de esgrima de los cadetes (Page, 2014), quien en 1944 escribió junto a al capitán Alejandro Amavet y el mayor Horacio Levene, *Pedagogía de la Educación Física*. Rastreando en su niñez, en un libro escrito por Tomás Eloy Martinez, *La novela de Perón*, se lee que en las vísperas del retorno a su país, luego de dieciocho años de forzoso exilio, el tres veces primer mandatario recuerda que fue en su paso por el Colegio Internacional de Olivos cuando pudo desempeñarse por primera vez en diversos deportes como el fútbol, el yachting o el remo. Seguramente todas estas cuestiones fueron decisivas e influenciaron a Perón en su propósito de educar los cuerpos argentinos. El clima epocal ciertamente jugó un destacado papel, teniendo en cuenta experiencias cercanas como la desarrollada en Brasil (Schemes, 2004). De lo que parece no quedar dudas por su frecuente mención en los discursos durante los años en que ejerció la primera magistratura es que el incentivo al desarrollo de una cultura física, aparte de este sustrato de larga data, fue funcional a las ideas que el gobierno peronista tenía sobre la nueva patria que se estaba formando y el tipo de ciudadanos requeridos para la refundación del país. Esto puede pensarse como una metáfora de la Nación, donde una ciudadanía sana, fuerte, visible y movilizada era el equivalente y el natural corolario de una patria poderosa. El lugar otorgado por gobiernos como el peronista a las prácticas corporales colectivas se explica dado que "simbolizando lo social, contribuyen a somatizarlo y que, por la mímesis corporal y colectiva de la orquestación social, apuntan a reforzar esta orquestación" (Bourdieu, 1988:183).

Yendo al plano discursivo, consideramos que analizando lo que comunica un Presidente a través de sus intervenciones públicas podemos tener una aproximación certera de su construcción simbólica de la realidad y, a su vez, a algunas de sus estrategias de acción política. Los discursos presidenciales constituyen uno de los ejes centrales de la producción de significaciones y sentidos desde el Estado.

Previo al análisis de esos discursos, nos parece pertinente mencionar algunas de las diversas caracterizaciones que, desde el área de las Ciencias Sociales se han hecho acerca de sus alocuciones y del modo que tenía Juan Domingo Perón de establecer contacto con los sectores populares.

Alberto Ciria fue uno de los pioneros en indagar sobre los discursos de Perón.

> Uno de los rasgos más sobresalientes de Perón como orador, charlista o entrevistado fue siempre la capacidad de absorción de información y la devolución de dicha información procesada al auditorio de turno. (Ciria, 1983:302)

De su investigación se desprende que estas cualidades fueron reconocidas, si bien en el medio de las habituales descalificaciones, por anti peronistas declarados como Ezequiel Martinez Estrada quien afirmó que:

> Su oratoria era pedestre, pobre, opaca, pero con un don que no encuentro como calificar mejor que fascinante. Persuadía y, sobre todo, se colocaba también en el mismo plano que su auditorio que parecía que estaba conversando con cada uno de sus oyentes. (citado en Ciria, 1983:308)

Siguiendo con las perspectivas opuestas al peronismo, una vez producido el golpe de Estado de septiembre de 1955, se leía en el Libro Negro de la Segunda Tiranía[9]:

> Hablaba a las masas sin elocuencia, pero con habilidad. La cátedra lo había disciplinado para la exposición clara y metódica, al alcance de las mentalidades más simples. Con ese modo de hablar campechano y confianzudo conseguía efectos superiores a los de la oratoria caudalosa, arrebatada o elocuente de los políticos opositores. (1958:41-42)

Por su parte, Emilio de Ipola (1983) puntualiza que en un nivel superficial, el discurso de Perón recurrió a una mezcla doctrinaria, pero en la estructura profunda de su discurso mantuvo una determinada concepción de lo social como ordenamiento equilibrado, perdurable y armonioso. De Ipola sostiene que Perón elabora un nuevo estilo de lenguaje político, si bien reconoce ciertos antecedentes en los conservadores y los radicales como el uso recurrente de expresiones familiares y coloquiales. Esto incluye formas de hablar populares, usando metáforas deportivas, refranes, anécdotas, consejos paternales, citas de Martin Fierro (De Ipola, 1983:122). De todos

---

9. Libro destinado a investigar sobre supuestos desfalcos cometidos en los gobiernos peronistas.

modos, el autor aclara que las políticas implementadas por Perón que tuvieron como destinatarios a los sectores populares afectaron de un modo favorable las condiciones de recepción de su discurso. Ambos factores, el político y el discursivo le otorgaron la investidura de líder popular que aun hoy mantiene. Perón introdujo un nuevo principio de articulación de los elementos presentes en el espacio ideológico, y lo hizo a través de la incorporación de nuevas interpelaciones, de nuevos símbolos. En estas nuevas modalidades discursivas los interlocutores privilegiados fueron los sectores populares antiguos o los recientemente incorporados a la vida laboral (De Ipola, 1983:125). El discurso peronista se presenta a dichas masas como transparente y cercano a lo real, reduciendo al mínimo la toma de distancia entre las condiciones de producción y las de recepción.

> Perón, al tiempo que pone al desnudo la ineptitud ideológica de la oposición, plasma un discurso que es percibido como inmediatamente aprehensible, como desprovisto de trampas y subterfugios y, a la vez, como verdadero. (De Ipola, 1983:126)

Dado que estos autores trabajan desde las entidades de la enunciación, construidas en el discurso, destacan la existencia de las imágenes: por un lado las del enunciador, en este caso el líder, la construcción que Perón hace de sí mismo en el discurso; y por el otro, del destinatario, el pueblo. Emilio de Ipola afirma que el discurso político de cualquier líder implica un contrato de veredicción, es decir un lugar y un establecimiento de la Verdad para crear una base de legitimidad en la enunciación que facilite que los receptores del mensaje entiendan al enunciador y, a la vez, que dicho mensaje marque la propia autoridad ante los numerosos adversarios políticos.

Siguiendo a Verón y Sigal, en su clásico trabajo *Perón o muerte*:

> Si la doctrina es capaz de unir a todos los argentinos es porque expresa simplemente la verdad [...] coincide con la realidad; toda "posición política", o sea toda posición diferente será por definición "artificial", "destinada a dividir". (Verón y Sigal, 1983:76)

De acuerdo a este análisis, estar de acuerdo con Perón no era meramente una cuestión ideológica. Perón enunciador y líder se convierte en el único colectivo singular hablante.

> Perón se sitúa en el mismo plano que los colectivos singulares como los soldados/Ejército; trabajadores/Pueblo; argentinos/Patria. Como éstos, posee un colectivo plural que le corresponde: los peronistas. La diferencia (fundamental) entre Perón y los otros colectivos es, por supuesto, que estos últimos son mudos: Perón es el único colectivo singular que habla, y por eso mismo es capaz de "expresar" los otros colectivos. Afirmar que en la palabra de Perón se expresa la verdad misma de lo real, es lo mismo que decir que por su boca habla la Patria y se expresa el Pueblo. Es por esta razón que un anti-peronista es, automáticamente, un anti-argentino y un anti-pueblo. (Sigal y Verón 1983:74)

Juan Balduzzi (1987) en su texto *Peronismo, saber y poder* analiza el lugar ocupado por el saber dentro del discurso peronista en el marco del esfuerzo por construir una nueva hegemonía. Su hipótesis sostiene que "el saber ocupa un lugar de centralidad tanto en el discurso del peronismo como en el de Perón. Pero no es 'cualquier' saber. Es aquel con el cual se quiere construir una Nueva Argentina" (Balduzzi, 1987:172).

En su análisis sobre el sistema educativo peronista Adriana Puiggrós y Jorge Bernetti (1993) nos llaman la atención sobre lo fuertemente disruptivo que fue el discurso peronista en tiempos en los cuales la sociedad tenía un alto predominio de elementos arcaizantes.

> El discurso estatal debía responder orgánicamente a la demanda de modernización de esa sociedad aún plena de elementos arcaicos –el poder de una Iglesia conservadora, el atraso en las costumbres, la exclusión de los derechos políticos de la mujer, un sistema educativo que no capacitaba para el trabajo– y a la vez en pleno proceso de modernización. (Puiggrós y Bernetti, 1993)

El historiador Daniel James sostiene que el inmenso poder social que el peronismo supo construir tuvo un aliado imprescindible en el peculiar uso que el ex presidente hacía del lenguaje. En efecto, términos antiguamente silenciados del lenguaje político como justicia social, cuidado de la salud e igualdad, habrán de ocupar desde su arribo al gobierno lugares significativos en el nuevo modo de comunicación del poder y serán muestras palpables del interés demostrado hacia diversas actividades entre las que encontramos a la actividad física (James, 2010:27). Para el autor, la existencia de un mayor interés de parte de amplias capas de la población en temas sociales y políticos encuentra su explicación en el desprestigio en que la política había caído en el contexto de la denominada "década infame". La cuestión de la ciudadanía en sí misma, y la del acceso a la plenitud de los derechos políticos fue un aspecto poderoso del discurso peronista, del cual formó parte a través de un lenguaje de protesta de gran resonancia popular, frente a la exclusión política a la que el régimen político condenaba a las mayorías populares.

Asimismo, el autor plantea que:

> El discurso peronista negó la validez de la separación, formulada por el liberalismo, entre el Estado por un lado y la sociedad civil por el otro. La ciudadanía [debía ser] redefinida en función de la esfera económica y social de la sociedad civil. En términos de su retórica, luchar por los derechos en el orden de la política implicaba inevitablemente cambio social. (James, 2010:35)

A su vez, afirma que:

> La capacidad del discurso peronista para articular esas experiencias no formuladas constituyó la base de su poder, auténticamente herético. Si bien existieron otros discursos de igual tenor, el peronismo tuvo la enorme ventaja de ser un discurso ya constituido, articulado desde una posición estatal, lo que

acrecentaba considerablemente la legitimidad que confería a las experiencias que expresaba. (James, 2010:47)

Es pertinente señalar que el imaginario en torno a la Educación Física como parte de la formación integral que todo joven debía poseer, tanto en el plano intelectual como en el físico y el moral, fue previo al período peronista, pudiendo encontrar importantes antecedentes en la gestión bonaerense de Manuel Fresco. En ese sentido, creemos que resulta adecuado hablar de la existencia de un canon transhistórico,

compuesto por signos, afectos y símbolos que se manifiestan a través de re-tóricas visuales, orales y escritas de diferentes espacios y tiempos. (Carli, citado en Giovine, 2012)

Por último, y no menos importante, se torna evidente que en las alo-cuciones realizadas por Perón, "la fuerza de un discurso depende menos de sus propiedades intrínsecas que de la fuerza movilizadora que ejerce" (Bourdieu, 2001:86), ya que:

lo que fundamenta el poder de las palabras, el poder de subvertir el orden o de mantenerlo, es la creencia en la legitimidad de las palabras y la de los que las pronuncian, creencia cuya competencia no es de las palabras. (Bourdieu, 1999:72)

Discursos sobre la necesidad de la Educación Física

El discurso peronista enfatizaba que la formación integral de los indi-viduos debía ser física, moral e intelectual, y que dicho modo de impartir conocimientos tendría como corolario un cuerpo sano y vigoroso (Perón, 1954a:15).

El hombre se educa en tres grandes aspectos, el intelectual, el moral y el físi-co. Aquellos que sacrifican lo moral y lo físico para dedicarse puramente a lo intelectual, forman un hombre incompleto sin equilibrio ni armonía humana. (Perón, 1954a:9)

Es por eso que

el Estado tiene la obligación de formar ciudadanos útiles, es decir capaces y virtuosos. Formar hombres sanos, fuertes y virtuosos con los conocimientos necesarios para ser capaces y prudentes al servicio de la patria y la sociedad. (Perón, 1954a:10)

Encontramos ecos del concepto teórico esbozado por Foucault de biopo-lítica, dado que ésta es una tecnología de gobierno que se abocará a regular procesos vitales de la población para que las personas sean productivas a los fines del Estado. Las palabras de Perón son ilustrativas al respecto:

nosotros hemos sido los primeros en pensar que más vale cuidar bien a un hombre que a una máquina, porque entendemos que si una máquina vale mucho dinero, el hombre, económicamente considerado, también vale mu-cho dinero. (Perón, 1954b:8)

De allí que

...si ese hombre se muere porque se ha descuidado su salud, es indudable que el Estado pierde una enorme cantidad de dinero; tanta como quizás no la pierda cuando se destruye una máquina, un automóvil o cualquier elemento de uso económico, clasificado como bienes de capital en el inventario del haber patrimonial de la Nación. Los bienes de capital más valiosos que la Nación tiene son, precisamente, sus hombres y todo en la comunidad debe estar al servicio de esos hombres. (Perón, 1954c:9)

Por tal motivo,

no debe haber un operario, por humilde que sea, que no haya recibido una enseñanza que lo capacite para rendir al máximo con el mínimo de esfuerzo. (Perón, 1954c:7)

Como se aprecia, desde esta perspectiva, el cuerpo del trabajador conlleva una aptitud física que se encuentra en estrecha conexión con el trabajo industrial. Se trata de un cuerpo eficiente, disciplinado y moldeado para desempeñar actividades productivas. En efecto, una idea que subyace dentro del proyecto peronista era

terminar con lo que se ha llamado un país de holgazanes para hacer un país de trabajadores y de productores. (Perón, 1954a:9)

La misión de la Educación Física en ese sentido fue relevante. Siguiendo a Karina Ramacciotti (2005), podemos afirmar que bajo el gobierno peronista se consolida en la Argentina una sociedad disciplinaria, una sociedad de trabajadores y de productores que van de casa al trabajo y del trabajo a casa. La idea de disciplinamiento que aporta la Educación Física, tal como fue implementada durante estos años, puede ser pensada como funcional al esbozo de la Comunidad Organizada que planteó Perón en numerosos discursos.

La población va a aparecer como el fin último por excelencia del gobierno: porque, en el fondo, ¿cuál puede ser su meta? Ciertamente no la de gobernar, sino la de mejorar el destino de las poblaciones, aumentar sus riquezas, la duración de su vida, su salud; y los instrumentos que el gobierno se otorgará para obtener estos fines son, de algún modo, inmanentes al campo de la población, ya que esencialmente sobre ella obrará directamente mediante campañas o, más aun, indirectamente mediante técnicas que permitirán, por ejemplo, estimular, sin que las gentes se den cuenta de ello, la tasa de natalidad, o dirigiendo hacia tal o cual región, hacia tal actividad, los flujos de población. (Foucault, 1991:216)

La población emerge como el terreno paradigmático del arte de gobernar. La misma es transformada en el objeto que el gobierno debe de modo permanente tener en mente en cuanto a conocimiento y práctica, si quiere ser capaz de una administración racional y efectiva.

En esa dirección,

pensamos que la Educación Física realizada correctamente, junto con la instrucción intelectual, están capacitados para conformar en el hombre y en la mujer el alma aparente para que cada uno sea, además de sabio y prudente, una buena persona. (Perón, 1954b:7)

A tales efectos, la colaboración prestada

por el más encumbrado de los dirigentes así como por el más modesto de los dirigentes, serán claves para la defensa de la salud física y del potencial humano de la Nacion. (Perón, 1954b:7)

En su defensa de la importancia que le atribuye a la Educación Física, Perón en diversas ocasiones hablaba sobre el rol de la educación, y su crítica a la enseñanza de tipo enciclopedista no se hacía esperar:

La escuela no está solamente para enseñarles a leer y escribir y a hacer operaciones aritméticas, sino también para formar el alma y el físico. (Perón, 1954a: 16),

llegando a proponer algunas modificaciones al régimen educativo:

Vamos a imponer la exigencia de que para recibirse de bachiller no será suficiente con aprobar las materias, sino que será preciso rendir una prueba física. (Perón, 1954c:16)

El derrocamiento de Perón en septiembre del año siguiente obturó esta medida que no pudo llegar a implementarse, pero el sólo hecho de su formulación nos revela el lugar que ocupaba la Educación Física en el pensamiento de Perón.

De acuerdo con Grinberg (2011) podemos afirmar que en determinados momentos la noción de gubernamentalidad se encuentra estrechamente vinculada con la idea de biopolítica. A través de la misma podemos comprender el momento en que la vida de la población se vuelve blanco y objeto de poder; de este modo las acciones del Estado se dirigen a potenciar la vida, ya no de los individuos, sino de la población. Así, la biopolítica moderna aborda la liberación de lo corporal de las añejas ataduras religiosas y los condicionamientos funcionales, otorgándole al cuerpo una valoración central (Le Breton, 2002:10).

Discursos sobre la importancia del deporte en la Educación Física

"Ni los griegos ni los romanos habrían llegado a ser lo que fueron en la historia del mundo si no hubieran cultivado profundamente los deportes en todos sus aspectos y actividades"
(Perón, 1954c).

Desde fines de la década del treinta, la Educación Física escolar argentina, principalmente del nivel primario, vivió una serie de modificaciones. De ese modo, el dispositivo curricular incorporó nuevas prácticas corporales. Atrás quedaron los ejercicios y la gimnasia militar, el scouting, o el sistema argentino de educación física (juegos y ejercicios racionales con fines higiénicos). Lentamente, nuevas prácticas comenzaron a introducirse en un proceso que perduraría, cada vez con mayor intensidad, hasta nuestros días. Fue de esa manera que el deporte empezó a tener un lugar preponderante en la Educación Física escolar (Scharagrodsky, 2006).

Un proceso similar se dio en la escuela media desde el año 1941. En los programas de Educación Física se asiste a una introducción de deportes, entre los cuales encontramos al vóley, al básquet, al fútbol, a la pelota al cesto y al atletismo. Por otro lado, en todos los meses del año, según el deporte escogido se encontraba planificado un período de adiestramiento, juego y posterior competencia (Aisenstein y Scharagrodsky, 2006).

De esta forma, los deportes fueron considerados en todos los planes, programas, pero también en textos y manuales escolares de Educación Física como actividades de importancia en la formación del niño constituyendo el ejercicio higiénico y recreativo por excelencia de la época (Scharagrodsky, 2006). Algo análogo ocurrió por esos años con el juego.

> El juego constituye la forma más natural, entretenida y eficaz de lograr muchas de las finalidades de la educación física, pues además de hacer del niño un ser físicamente sano contribuye a la educación intelectual, moral y social porque contribuye a formar cualidades morales que los tornan más decididos, valientes, arriesgados, y a despertar la solidaridad y el compañerismo así como sentimientos de tolerancia, respeto mutuo, colaboración y cortesía. (Programa de Educación Física, 1945:494)

De estas cuestiones también se hizo eco el *Monitor de la Educación Común,* que en su edición 918 de junio del año 1949, publicó un número extraordinario dedicado a las actividades de Educación Física. En el mismo encontramos, detalladamente, una importante cantidad de deportes con vistas a su implementación, pero también de juegos de la época tales como diversos tipos de mancha[10], Martín pescador, el pájaro en la jaula o la carrera del ciempiés. También hallamos una reivindicación de las tradiciones nacionales, encarnada en bailes folklóricos dentro de los cuales encontramos la chacarera, el tunante, el gato, el cielito o el carnavalito. Un libro de texto usado para dar clases de Educación Física en el nivel primario, también da cuenta de esta situación y la justifica, dado que:

> Pese a los anatemas lanzados contra el juego, es una necesidad para el niño, no solamente para gastar el exceso de energía, como se ha pretendido, sino también y muy principalmente, porque el niño revive en el juego todas las

---

10. Mancha común: Todos los jugadores se distribuirán dentro del campo de juego a voluntad; uno de ellos será designado "mancha". Dada la señal de comienzo, el mancha saldrá en persecución de los jugadores, procurando tocar a cualquiera de ellos, quienes a su vez, huirán, tratando de no ser alcanzados. Si algún jugador fuera tocado, le corresponderá ser mancha, y el que le hubiera dado alcance se convertirá en perseguido. El nuevo mancha deberá perseguir a los demás, tratando de tocar a cualquiera de ellos, menos al que lo tocó a él y así sucesivamente (*El Monitor*, 1949:9).

experiencias ancestrales por las que pasó el hombre en su lento progreso. (Wood, 1948:126)

Por otro lado:

...los juegos recrean el espíritu, y mediante las leyes que los rigen, el individuo se habitúa poco a poco a vivir mejor en el seno de la sociedad contemporánea en donde esta obediencia y una estrecha cooperación se hacen cada día más necesarias para el bienestar general. (Wood, 1948:126)

Contando con este contexto previo, el gobierno peronista adoptó una decidida postura por una mayor profundización en cuanto a la implementación de los deportes en la Educación Física:

Creemos en la necesidad de que, a corto plazo, cuente el país con cinco millones de deportistas, no porqué éste sea un objetivo final al que anhelamos llegar, sino porque es el primer objetivo que ha de posibilitar los objetivos finales que conducen a que la República Argentina esté formada por veinte millones de deportistas. (Perón, 1955)

Con ese objetivo en mente, el gobierno hizo un llamamiento a la sociedad para que participe de esa idea:

Vamos a ponernos a trabajar para formar deportistas. ¿Quién va a trabajar? ¿El Estado sólo? ¿El pueblo sólo? ¿La familia sola? ¿Los maestros solos? No; vamos a trabajar todos, porque si no hacemos así no vamos a llegar a nada. En esto es necesario que nos pongamos todos –gobierno, pueblo, maestros, ejército, todas las fuerzas de la Nación– en la tarea de formar hombres fuertes y buenos; entonces triunfaremos. (Perón, 1955)

Era habitual en la época la discusión sobre el tipo de actividad física que debía realizarse en los establecimientos educativos. Juan Domingo Perón intentó saldar la discusión:

No hay gimnasia buena ni gimnasia mala. Hay gimnasia simplemente. Yo estoy en contra de todos los unilateralistas que, porque hicieron gimnasia sueca, ya creen que no hay otra cosa que esta clase de gimnasia. (...) Pero lo que sí puedo decir es que en nuestro país tenemos que dedicarnos eminentemente al deporte, porque esa es la puerta de entrada para toda la actividad corporal y espiritual de nuestros jóvenes deportistas. Nosotros tenemos como todos los pueblos, una idiosincrasia que nos es absolutamente particular. Tenemos que practicar nuestras actividades de acuerdo con esa idiosincrasia. Por eso soy más partidario de los deportes que de la gimnasia. (Perón, 1955)

Desde su perspectiva, *"el deporte es la finalidad. La gimnasia es un medio"* para llegar a él. La importancia atribuida al deporte para la constitución de un nuevo tipo de ciudadano es central, ya que:

La virtud se conquista tanto en un campo de deportes, como en el aula o en la función de todos los días. Para que podamos ofrecer al mundo el ejemplo de un pueblo que trabaja y se sacrifica por ser cada día mejor; para ir conquistando en la escala humana el lugar que solamente merecen los hombres buenos y fuertes; para que el camino del deporte sea la realización de esos ideales con que soñamos nosotros. (Perón, 1955)

Ese ejemplo que el peronismo busca brindar al mundo no puede pensarse aislado de lo que está aconteciendo a nivel internacional con la disputa en los planos económico, social y, sobre todo, cultural entre los Estados Unidos y la Unión Soviética en la denominada Guerra Fría, donde cada evento desde la conquista del espacio hasta las Olimpíadas empiezan a interpretarse como un aspecto más de la lucha entre estas dos superpotencias. En el campo de la disputa deportiva el enfrentamiento va escalando hasta alcanzar su punto más álgido cuando Estados Unidos, junto a sesenta y cuatro países más (Argentina entre ellos) realiza un boicot a los Juegos Olímpicos desarrollados en Moscú en 1980. Los soviéticos, acompañados de trece países, devuelven el gesto en los juegos siguientes, llevados adelante en Los Angeles en 1984. En el caso nacional, las justas deportivas y las competiciones internacionales fueron un momento particularmente fértil para mostrar al mundo la imagen de un país que, mediante un camino independiente, podía servir como un ejemplo para los demás países latinoamericanos[11]. Se trató de una particular manera de posicionarse en el mundo, a través de la exhibición del cuerpo de los deportistas[12], que buscó ser asimilado al cuerpo de la Nación. El pensamiento de la época nos revela que la proliferación de los cuerpos saludables redundaría en una Nación saludable. No caben dudas que aquella fue una Argentina que se exhibió y que compitió en los eventos internacionales de igual a igual con las grandes potencias mundiales[13]. Durante el gobierno peronista se consideraba que, al igual que en los deportes, la formación de la Nación era una labor colectiva y ese era el espíritu que debía tener la tarea de construcción de la "Nueva Argentina".

---

11. El rol en ese sentido del campeonato mundial de básquet de 1950 y los Juegos Panamericanos disputados en Argentina al año siguiente no debe desdeñarse.

12. Osvaldo Suárez, destacado atleta de la época, cuenta que la preparación y los cuidados dispuestos por el Estado para ir a los Segundos Panamericanos disputado en 1955 en México fueron ideales. "A los Juegos Panamericanos de México en 1955 viajamos un mes antes, teníamos de todo, había comida de primera, carne argentina y cocineros argentinos". Esta descripción se asemeja a la aportada por Noemí Simonetto, en oportunidad del viaje a Londres para los Juegos Olímpicos de 1948, con lo cual parece ser una costumbre de aquellos tiempos, que los deportistas tengan todo resuelto para que sólo se ocupen de hacer lo suyo del mejor modo posible. "Perón mandaba los alimentos para la delegación en el mismo barco en que viajábamos. Las camareras inglesas se asombraban al ver los sándwiches, helados y cafés con leche que nos servíamos. Recién terminaba la guerra y los ingleses vivían castigados por el hambre y nosotros, los argentinos, llegábamos del país de la abundancia" (citado en: Orbuch, 2012).

13. Argentina ocupa el lugar n° 13 sobre cincuenta y nueve participantes en los Juegos Olímpicos de Londres en 1948 ganando siete medallas (tres de oro, tres de plata y una de bronce). Por su parte en Helsinski, en 1952, el país obtuvo cinco preseas (una de oro, dos de plata y dos de bronce) ubicándose en el puesto n° 19 de un total de sesenta y nueve países, no volviendo a alzarse con una medalla dorada hasta el 2004. En esa dirección puede interpretarse el slogan "Argentina potencia" usado en la tercera presidencia de Perón que remite al recuerdo mítico de un pasado mejor en el que la postura peronista era la de la Tercera Posición, equidistante entre el capitalismo y el comunismo (véase Philp, 2009).

Asimismo, Perón, promovía constantemente en sus diversas alocuciones la vinculación entre el deporte y los trabajos manuales, legitimando de este modo el modelo económico imperante basado en la industrialización sustitutiva de importaciones. La actividad productiva y el deporte eran para el gobierno peronista dos características centrales para poder constituir la "Nueva Argentina" y que se relacionaban a través de la comparación entre los índices de productividad industrial de los trabajadores y las marcas que obtenían los deportistas. Las inauguraciones de obras públicas que formaban parte de la infraestructura recreativa y deportiva que proliferaba a lo largo y ancho del país constituían una buena causa para que el entonces Presidente insistiera sobre dicha vinculación. Un ejemplo lo encontramos el 14 de julio de 1949, cuando fue inaugurada la Ciudad Infantil "Amanda Allen" en el barrio porteño de Belgrano. Al lugar, una pequeña ciudad de cuatro manzanas, concurrían los niños que participaban de los Campeonatos Evita, organizados por la Fundación Eva Perón. El primer mandatario

> ...elogió a los obreros que levantaron la Ciudad Infantil en tiempo record: 5 meses y 20 días. Dos de ellos, Domingo Henríquez y Santiago Bota (los que más horas de trabajo contabilizaron), izaron la bandera, y un tercero, Alfredo Cortina, entregó simbólicamente la obra a su dueña: la Fundación, que a su vez, la puso en manos del flamante Instituto de Orientación Educativa para la Niñez. "Hemos cumplido –dijo Cortina– con la frase de nuestro líder: Producir, producir y producir". (*Primera Plana*, 1966:37, citado en Massarino, 2001)

En sus discursos Perón reivindicaba la eficacia de las políticas laborales implementadas desde su llegada al poder, que dieron forma a un Estado de bienestar a la criolla (Sarlo, 2002:93) y que permitieron que millones de ciudadanos pudieran disfrutar del tiempo libre, cuestión impensada años atrás.

> Había que desarrollar el espíritu deportivo en la gente, ese era el problema que se me presentó cuando me hice cargo del gobierno. En la población rural el deporte era una cosa insignificante. Claro, yo no lo llamo deporte cuando los chicos se reúnen en un potrero a pegarle a una pelota y sobre todo si ésta es de trapo. No considero deporte a eso, aunque claro está es el nacimiento de todo, pero el nacimiento no siempre es vida. Porque ese hombre que jugó de pibe en el potrero y que cuando tuvo 12 ó 13 años el padre lo mandaba a la fábrica, donde trabajaba en malas condiciones de vida, con un trabajo así ya no podía practicar deporte. En cuanto a los obreros, muy pocos deportes podían practicar, ya que el que trabajaba 10 horas en la fábrica y después va a hacer una changuita, porque lo de la fábrica no le alcanza, no va a ir a levantar pesas en los ratos desocupados. Es una cosa natural, porque para que el deporte florezca lo primero que hay que hacer es dar la posibilidad que el pueblo tenga sus momentos en los cuales pueda dedicarse al deporte y a la vida sana, que haya lugares sanos adonde ir e instituciones suficientes para dar cabida a toda esa gente que desea practicar deportes. (Perón, 1954b:14)

La relación es evidente, ya que las mejores condiciones de trabajo existentes desde la llegada de Perón a la Secretaría de Trabajo y Previsión en 1943 empezaron a dejar tiempo de ocio en los sectores populares y ese tiempo podía destinarse a la práctica deportiva. A su vez, la realización cotidiana de ejercicios deportivos iba a mejorar la salud de la población.

Perón se presenta desde el plano discursivo y en el de las concretas realizaciones, como el personaje que iba a poner fin a los angustiantes años vividos en la década del treinta del siglo pasado. Lo hace en su doble carácter de militar y político. Tributario de las numerosas transformaciones sociales vividas desde entonces, el peronismo se presentará como el movimiento capaz de dar respuestas a las demandas de mejoras en todos los ámbitos reclamadas con persistencia, desde la sociedad civil, pero silenciadas en el plano de la arena electoral.

Discursos sobre la Educación Física, el deporte y la salud

Durante los gobiernos peronistas, la Educación Física, el deporte y la salud fueron de la mano:

> El objeto del deporte es perfeccionar la salud y no formar campeones, quienes por el hecho mismo de sus condiciones excepcionales no pueden tomarse ni como modelos ni como objetivo para el numeroso grupo de hombres y mujeres jóvenes que se dedican al desarrollo físico de su persona. (Carrillo, 1948)

Dice el Primer Plan Quinquenal en el apartado referido a las políticas públicas de salud:

> La vigilancia y la atención de la salud del pueblo como función de gobierno, impuesta en el doble sentido de la asistencia médica preventiva y curativa, debe ser brindada en condiciones a todos los habitantes del país, constituyendo una finalidad esencial, dentro del concepto de Estado Moderno, imperando desde hace tiempo en las naciones más adelantadas del mundo.

En un posterior discurso, Perón profundiza sobre estas ideas:

> Hoy sólo los ignorantes y los retrógrados siguen creyendo que la gimnasia y los deportes están solamente destinados a formar hombres fuertes y vigorosos, cuando ya los hindúes hace miles de años enseñaron a la humanidad lo que se puede hacer con el alma por medio del ejercicio de la voluntad. De la misma manera pecan los ignorantes que suponen que la gimnasia y el deporte van solamente dirigidos a los músculos. La maravillosa máquina que es el hombre en su función fisiológica recibe de estas actividades un beneficio integral. Desde la corteza del cerebro que genera la voluntad, los nervios que la transmiten, los músculos que la ejecutan, los huesos que sustentan el movimiento, los organismos que prolongan y mantienen el esfuerzo, todo el conjunto armónico es beneficiario directo de la actividad cuando ésta es realizada convenientemente y con método. (Perón, 1949a)

De ese modo,

> Los deportes, la gimnasia respiratoria, y los ejercicios físicos, practicados no de un modo atropellado y en desacuerdo con nuestra vida, sino con tono pausado y rítmico, permiten prevenir nuestras dolencias físicas y morales.

> Nosotros estudiantes y jóvenes, debemos practicar con un modo apacible y tranquilo, los deportes; que aunque no nos parezca nos permitirá conservar nuestras facultades físicas en mejor estado. (Perón, 1949a)

La importancia atribuida a la cultura física estaba fuertemente presente en ideas eugenésicas que Carrillo venía elaborando desde años previos. Carrillo ponderaba al gaucho como el tipo social más representativo de la nacionalidad. A partir de la década de 1930 contaba entre sus inquietudes el interés por establecer el "hombre ideal" argentino. Para ello, postulaba que era necesario someter a la población a evaluaciones médicas, con la finalidad de determinar el potencial biológico nacional (Ramacciotti, 2004). Dicho potencial estaba relacionado con la capacidad de trabajo y la defensa de la nación. Años después, en 1948, en el Almanaque de la Salud, editado por la subsecretaría de Salud Publica de la Nación, Carrilo hablará de la necesidad de alcanzar un ideal, que será el máximo perfeccionamiento del biotipo argentino (Almanaque de la Salud, 1948:72).

En ese particular contexto cobró relevancia la idealización de la juventud, como herramienta para regenerar el espíritu nacional, que luego sería tomada por el gobierno peronista y que se vería plasmada en la fuerte promoción que los deportes y la gimnasia tuvieron en sus años de gobierno (Carrillo, Ramón, 1929, citado en Ramacciotti, 2005:102).

Discursos sobre la niñez y la juventud

Grandes expectativas se encontraban depositadas en la niñez y juventud argentina, pero a su vez, huelga decirlo, dicho sector fue destinatario de numerosas políticas estatales. Eva Perón, en ocasión de la apertura de los campeonatos de 1950, dejó en claro mediante un mensaje radial ciertos postulados del gobierno peronista relacionados con la imperiosa necesidad de fomentar tanto el deporte como las actividades físicas, ya desde los primeros años de la infancia:

> Nuestro cariño hacia la niñez no se manifiesta solamente luchando para conseguir mejores salarios para sus padres, levantando escuelas, hospitales, hogares, ciudades infantiles y paseos, sino también facilitándoles los medios para que puedan practicar deportes, porque estamos convencidos que de esta manera, practicando íntegramente el deporte y con los beneficios que de él reciben, no sólo se convertirán en verdaderos caballeros, sino que formarán la juventud fuerte, alegre y feliz del mañana. (*Revista Mundo Infantil* n°152)

Podemos afirmar que las diversas políticas vinculadas a la cultura física y el deporte fueron eficaces porque lograron unificar elementos que aludían a un grupo etario hasta ese momento invisibilizado para transformarlo en un ciudadano activo, receptor de políticas específicas y participativo (Carli, 2011). La concepción de la infancia fue parte de la construcción de una noción diferente respecto del vínculo entre la niñez, la sociedad y el Estado. El discurso pedagógico del peronismo articuló enunciados liberales, socialistas y nacionalistas que se venían esbozando desde antes de la década de 1930. El diseño de una política de democratización social de la infancia que desplegó el gobierno peronista dio respuesta a demandas sociales históricas, que a partir de ese momento pasaron a ser garantizadas desde el Estado (Carli, 1992).

La interpelación a niños y a adultos se abonaba desde los distintos medios utilizados para la difusión oficial; desde allí se fue afianzando la importancia de las actividades físicas y el deporte reafirmándola desde la cobertura periodística a medida que se iban desplegando las acciones de gobierno.

> El Ministerio de Educación debe organizar la niñez y la juventud argentina que está en sus manos para la educación, en forma tal que pueda ilustrarle con sus conocimientos, fortalecerla con los deportes y la gimnasia, y hacer de ellos hombres útiles, sabios y prudentes, formando individuos equilibrados y completos en su cultura. (Perón, 1955)

Por tal motivo,

> ...será necesario que nosotros tomemos la juventud, que está a pleno verdor, para madurarla al calor de la salud del deporte y de la bonhomía de la acción deportiva. (Perón, 1955)

También Perón dejó en claro el rol que niños y jóvenes tenían en esa Argentina Justicialista que se estaba construyendo por aquellos años:

> En la nueva Argentina, los únicos privilegiados son los niños; los demás vivimos en la igualdad de obligaciones y derechos. Para formar hombres sanos y virtuosos, que convivan sin luchas, sin avaricias ni egoísmos, pensamos en la necesidad de educar y elevar el alma, desarrollando, conjuntamente con sus virtudes, cuerpos sanos y mentes sanas. El deporte es para nosotros un medio, de los tantos que usamos para fortalecer, educar y dignificar al hombre. (*Revista Mundo Deportivo*, n° 100, 15 de marzo de 1951:3).

Discursos y publicaciones con instrucciones a docentes

> Es necesario, como dije, que abandonemos esas formas caducas de una gimnasia que –desgraciadamente todos hemos hecho en el colegio, porque es allí donde aprendimos a odiar la gimnasia, para no volver a hacerla en el resto de nuestros días– tan mala era. Los padres y las madres solían ver a un señor o a una señora que no tenían ningún interés en enseñar una cosa que ninguno de los que ahí estaban tenía interés en aprender. Los hacían transpirar en el patio durante el invierno para meterlos después en el aula, y así se les entregaban a las madres con una pulmonía o por lo menos con un gran resfrío, en vez de dedicarse a que esos niños hicieran una actividad sana al aire y al sol, que es la condición primordial para el deporte y para la gimnasia. (Perón, 1955)

Las instrucciones o sugerencias al modo en que los docentes debían dirigirse a sus alumnos y preparar didácticamente sus clases eran recurrentes en la época. Las mismas podían encontrarse en las propias alocuciones del entonces Presidente Juan Domingo Perón, o en diversas revistas oficiales como *La Obra* o la *Revista de Educación* de la Provincia de Buenos Aires.

En la revista *La Obra* de 1953 leemos una serie de actividades sugeridas para chicos de primer grado superior:

> La gimnasia ayuda a crecer bien. Los muchachos y muchachas hacen muchos ejercicios físicos. Los soldados son resistentes y vigorosos por la gimnasia. Cumplen el Plan Quinquenal.

> El cuerpo es la casa del alma. Quiero que mi alma viva siempre en casa aseada. La higiene defiende la salud. Mi madre me enseña y me ayuda a ser limpio.

> En la nueva Argentina se practica la buena gimnasia y los mejores deportes. (*La Obra*, Año XXXIII, nº 516, Tomo XXIII, nº6, 1953).

En el número de agosto de 1954, y aprovechando que era el "mes" de San Martín, las sugerencias didácticas se enfocan en su figura:

> La maestra jardinera, puede despertar gran entusiasmo entre los niños proponiéndoles en la clase de educación física hacer los ejercicios que realizan los soldados de San Martín. Los granaderos necesitaban poder subir a sus caballos con agilidad, y para ello debían tener piernas fuertes y ágiles.

Lo mismo ocurre con el número de octubre, utilizando la efemérides del Día de la Raza (hoy Día de la Diversidad Cultural):

> La educación tendrá mucho éxito en la clase de educación física si propone a sus alumnos imitar los movimientos que hacían los indios en sus clásicas danzas.

El número 3 de la *Revista de Educación*, impresa por el Ministerio de Educación de la Provincia de Buenos Aires también publica instrucciones para los docentes de parte de un columnista, Luis Catalayud:

> En encauzar los movimientos de los niños en darles un ritmo conveniente, de modo que este ejercicio produzca en alma y cuerpo su benéfico influjo, está el secreto del educador.

El propio Perón no se privó de darles consejos a los docentes:

> El espíritu que uno adquiere en el deporte, tiende a la conformación de un espíritu superior y representa, sin dudas, a lo largo de toda la existencia del hombre, una de las conquistas más extraordinarias, tanto para el que tiene que mandar como para el que tiene que obedecer: aprender a dominarse y a mandarse primero a sí mismo. (Perón, 1948b)

En San Fernando, en un discurso pronunciado ante los profesores del INEF en el año 1954, Perón emitió conceptos relacionados con el rol pedagógico que debían desempeñar los docentes de Educación Física:

> ...la humanidad sufre de un proceso de tecnificación. Es decir que la enseñanza, que fue siempre un proceso humanista, se ha ido convirtiendo, paulatinamente, en un proceso técnico; se ha deshumanizado a fuerza de un exceso de tecnificación, es necesario cargar las tintas sobre el humanismo educa-

cional. [Por eso] es tarea del docente preparar para la vida, no solamente la inteligencia, sino también el alma y el cuerpo de los alumnos que preparan.

Los docentes de Educación Física van a gozar de las comodidades largo tiempo buscadas, es por eso que:

vamos a buscar que todas nuestras escuelas tengan la posibilidad de disponer de un lugar donde el chico vaya a desarrollar su actividad libremente, bajo la vigilancia, el control y el consejo de los profesores de Educación Física. (Perón, 1954b)

◆

A lo largo de este capítulo, dividido en dos partes, hemos profundizado en el plano normativo durante los años 1946 y 1955 lo concerniente a la educación de los cuerpos. En este lapso de tiempo, la sanción de leyes fue prolífica, como en ningún otro momento de nuestra historia, y propusimos utilizar la categoría de dispositivos de regulación esbozada por Popkewitz para una comprensión cabal de este proceso de reformas. Siguiendo sus lineamientos, las mismas deben ser interpretadas en su faceta productiva. En efecto, para el autor el concepto de regulación se ubica en las antípodas del de control, y nos invita a dejar de abordar a las prácticas del poder –para nuestro objeto de estudio, las leyes educativas– como instancias represivas, que prohíben ciertas acciones, para comprenderlas como productivas, que crean determinadas acciones o concepciones. La creación del Consejo Nacional de la Educación Física, la puesta en funcionamiento del Método único para la práctica de la Educación Física en todo el país, la erección de numerosos organismos, la destacada mención de las actividades físicas tanto en el Primer y Segundo Plan Quinquenal, así como en la Nueva Constitución del año 1949 es indicativa de la importancia creciente que tuvo la Educación Física y la cada vez mayor centralidad estatal para el desarrollo de la misma a lo largo y ancho del país significando la primera experiencia masiva nacional, y rompiendo a la vez con experiencias previas, limitadas a una provincia, como el caso de la gobernación de Manuel Fresco.

La segunda parte del apartado revela la faceta discursiva del entonces Presidente Juan Domingo Perón. Luego de un breve análisis donde demostramos la relevancia que el discurso posee en pos de la construcción de legitimidad política, algo perentorio para una naciente estructura política, comenzamos a desbrozar esas alocuciones en relación con el tema de esta tesis. De ese modo, profundizamos sobre los discursos efectuados por Perón y los dividimos en distintos ejes para su mejor análisis tales como la necesidad de aprender Educación Física, la importancia del deporte para dicho propósito, la tríada deporte, Educación Física y salud, el rol de la niñez y la juventud y recurrentes instrucciones a docentes. Esta cantidad de menciones en sus discursos puede pensarse como una parte central del dispositivo estatal tendiente a generar un cuerpo público sano y fuerte. Las otras dos características que, pensamos, fueron fraguadas durante esos años, la visibilidad y la movilización de vastos sectores de la población, serán analizadas a continuación en ocasión de los festejos por el Día Nacional de la Educación Física. Allí ahondaremos en la utilización de mecanismos plebiscitarios para la construcción de legitimidad política, vital en una naciente estructura política. También analizaremos el uso de la radio y la publicidad para dar difusión al evento, mediante la lectura de la invitación al festejo, donde se harán explícitos los postulados peronistas sobre la educación de los cuerpos. En suma, analizaremos un caso concreto donde podrá apreciarse el funcionamiento de la maquinaria estatal en aras de la construcción del ciudadano que requería, desde la óptica gobernante, la Nueva Argentina.

Capítulo 3
La Educación física y la formación de una identidad peronista

Un estudio de caso: la Fiesta Nacional de la Educación Física

Retomando los postulados del historiador Carlo Guinzburg, podemos hallar en las sucesivas Fiestas Nacionales de la Educación Física indicios que nos permitan obtener una clave interpretativa para entender los cambios sociales y culturales que se originaron en Argentina entre los años 1946 y 1955. En efecto, un episodio a primera vista menor nos puede iluminar sobre determinados clivajes de la política educativa de la época, sobre las estructuras estatales y rastrear, asimismo las formas en que se dieron las relaciones sociales en el espacio público. Es de este modo que el decidido fomento a la actividad física y al deporte puede pensarse como una estrategia del peronismo para forjar un determinado tipo de identidad nacional funcional a sus postulados ideológicos (Cornelis, 2005).

Durante esos años se realizaron en la cancha de River Plate distintas manifestaciones públicas masivas impulsadas por el Ministro de Educación Oscar Ivanissevich (Acha, 2011:55). En este caso, nos enfocaremos en la Fiesta de la Educación Física de 1949. La misma constituye un buen ejemplo de la importancia que el peronismo otorgó a este tipo de eventos multitudinarios. En efecto, desde su propia constitución como movimiento político apeló, con un especial énfasis, a elaborar y difundir en la sociedad un conjunto de símbolos tales como fechas conmemorativas, lugares míticos, objetos, eslóganes e imágenes de diverso tipo para sustentar y legitimar de manera cotidiana el ejercicio de su poder (Plotkin, 1993; Ciria, 1983; De Ipola, 1983). Lo que se buscaba, y se logró con creces, era generar una sinécdoque de la nación que fuera capaz de borrar a sus antecesoras.

> En esos momentos de los orígenes, el peronismo emergente lograría capturar a los sectores menos integrados socialmente gracias a la "virtud" de presentarse como ajeno al campo político tradicional. Más allá de la racionalidad material que ayuda a explicar el comportamiento de los sectores subalternos frente a la propuesta política que les es ofrecida desde el Estado, hay aquí también una explicación de otro orden, que juzgamos más oportuna para el caso: la afinidad existente –la empatía "natural"– entre los sectores socialmente poco integrados y las organizaciones políticas que aparecen como menos integradas a las tradiciones del campo político. (Macor, 2009)

Según la interpretación aportada por Darío Macor (2009), el característico movilizacionismo del peronismo, destinado a la ocupación del espacio público a través del cumplimiento de determinados rituales, tiende a recrear el mito de los orígenes del movimiento (Plotkin, 2007) y remite directamente a la cultura plebiscitaria, núcleo duro del dispositivo de legitimación del poder y generación de consenso político. La apropiación y los diversos usos del espacio público que el peronismo ejerció en este periodo constituyen operaciones simbólicas realizadas con el propósito de establecer nuevas jerarquías y valores legitimantes (Leonardi, 2010:1). Las mismas son parte central del repertorio utilizado por el peronismo para forjar un cuerpo público movilizado. Fue de esa manera que el tiempo de ocio y el esparcimiento popular fueron activamente promovidos por el Estado, que se ocupó de habilitar los espacios para que puedan ser puestos en práctica. En ese sentido, la importancia de las fiestas y conmemoraciones en el proceso de construcción del imaginario con el cual el peronismo se reconoce y forja un sujeto colectivo fue relevante. Como señaló Marcela Gené, en esos años los festejos incentivados por el peronismo, entre los cuales destacamos el 1º de mayo, Día del Trabajador, y el 17 de octubre, Día de la Lealtad, difieren sustancialmente del dramatismo presente en las manifestaciones populares lideradas por anarquistas y socialistas (Gené, 2005:67). Pensamos que se trató de un espacio privilegiado en el proceso de socialización de un conjunto de representaciones con las que el partido liderado por Juan Domingo Perón fue construyendo una mirada particular sobre la sociedad, el Estado y la historia nacional. En este punto es menester resaltar dos cuestiones emparentadas: por un lado la idea de ocio, y su consecuencia natural, el esparcimiento, se encontraba limitada en los años previos a la irrupción del peronismo debido a las degradantes condiciones laborales. Por el otro, esta situación empieza a cambiar y a tornarse visible en los años en los que el peronismo estuvo en el gobierno. Este hecho, impensado en los años anteriores a 1946, motivó reacciones adversas en distintos grupos sociales que pensaban que aquellos "recién llegados" no tenían derecho alguno a usufructuar el espacio urbano. Eso explica cómo, luego de la irrupción popular del 17 de octubre de 1945, diversos sectores políticos se hayan encargado de desacreditar la manifestación tal como leemos en el periódico socialista *La Vanguardia*:

> El 17 de octubre para la ciudadanía, sin distinción de clases, era el reverso
> de la marcha de la Constitución y la Libertad. ¿Qué obrero argentino se suma
> a la reivindicación de sus derechos como en un corso de carnaval? (...) ¿Qué
> obrero argentino se moviliza contra la cultura y la civilidad para sostener sus
> derechos a una vida digna y mejor? (*La Vanguardia*, 23 de octubre de 1945)

Algunas cuestiones merecen destacarse de este análisis efectuado por los panegiristas del Partido Socialista en nuestro país. La marcha de la Constitución y la Libertad fue una movilización organizada por los partidos que luego enfrentarían a Juan Domingo Perón en las elecciones del 24 de febrero de 1946 con la finalidad de enfrentar la política desarrollada por Perón desde la Secretaría de Trabajo y Previsión. A ella concurrieron en el trayecto que unía la zona del Congreso Nacional con la Recoleta, entre otras figuras destacadas de la oposición, los radicales José Tamborini, Enrique Mosca, Ernesto Sammartino y Gabriel Oddone, los socialistas Nicolás Repetto y Américo Ghioldi, el conservador Laureano Landaburu, el comunista Luis Reissig, el demócrata progresista Juan José Díaz Arana, Alfredo Palacios y el rector de la UBA Horacio Rivarola (Luna, 1984: 259). Se calcula en cerca de doscientos mil personas la concurrencia a la misma. Los sectores populares brillan por su ausencia salvo,

> por la excepción de la modesta participación de algunos trabajadores pertenecientes a gremios controlados por los comunistas, los manifestantes provenían de la clase media y la clase alta y estaban vestidas elegantemente. (Potash, 1994:377)

De dicha fuente socialista, contemporánea a la irrupción de los sectores populares en los espacios públicos, surge claramente quiénes son, desde su óptica, los sectores poseedores del monopolio de la cultura y del espacio público, y por cierto, ellos no son los obreros. Otra idea sugerente es la noción de carnaval asociado a la ocupación del espacio público por parte de los adherentes peronistas. María Rosa Oliver, contemporánea y adherente del Partido Comunista, lo recuerda de este modo:

> Esa gente me recuerda las murgas de carnaval, también por su indumentaria: parecen disfrazados de menesterosos. Me pregunto de qué suburbio alejado provienen esos hombres y mujeres casi harapientos, muchos de ellos con vinchas que, como a los indios de los malones, les ciñen la frente y casi todos desgreñados. (Oliver, 1981:343)

El concepto de carnaval es analizado por diversos investigadores que dan variadas características del mismo, de todas ellas una es la que nos interesa a los ejes de nuestra investigación, y tiene que ver con la idea de inversión de roles. En efecto, una particularidad de este peculiar momento que sólo se da en un reducido contexto temporal radica en que el carnaval representaba la expresión de unas formas de vivir y de sentir habitualmente invisibilizadas, era una época de burlas, de la irrupción de pensamientos soterrados, de crítica social, y, por sobre todas las cosas, de inversión de las categorías jerárquicas, momento en el cual todas las clases sociales comparten el espacio público (Caro Baroja, 2006).

En una sociedad fuertemente estratificada como la argentina anterior a la llegada del peronismo al poder, este tipo de testimonios eran la regla más que la excepción. Por eso no debe sorprender que:

> Ante la llegada de los sectores sociales que sin pedir permiso comenzaron a ocupar el espacio público, algunos sectores apenas menos nuevos, descendientes de inmigrantes europeos, muchas veces dedicados también ellos al trabajo manual, buscaron tomar distancia. (Aboy, 2008)

El ingreso masivo de los sectores populares implicaba para la época, en cierto modo,

> una toma simbólica de la ciudad, en la cual la ciudad funcionaba como metáfora de la sociedad. (Ballent, 2004:318, citado en Leonardi, 2010)

De acuerdo al análisis efectuado por Mariano Plotkin, podemos establecer que existen tres períodos bien diferenciados para analizar el modo en el cual se desarrollaron las celebraciones y la ocupación del espacio público durante el mandato peronista. El primero de ellos es el que se desarrolla entre 1946 y 1948, que consiste en la lucha por el monopolio del espacio simbólico, en los cuales el gobierno peronista debe buscar establecerse como aquel que lleva adelante las celebraciones, imponiendo su modelo y sus símbolos por sobre el resto de los actores políticos. Esa lucha no se daba solamente en lugares de amplio sentido simbólico, como pueden ser los conocidos de Plaza de Mayo, sino que también lo hacía en lugares de esparcimiento antes vedado a los sectores populares.

Distintas publicaciones oficiales como La Nación Argentina, Justa, Libre y Soberana dan cuenta de esta situación a través de ilustraciones y comparaciones con el periodo precedente. Podemos desconfiar de su veracidad por tratarse de publicaciones oficiales, sin embargo esta exaltación del ingreso de nuevos sectores a la vida cultural, al ocio y al esparcimiento también se ve reflejada en algunos cuentos de prolíficos escritores que se encuentran claramente en la vereda opuesta al peronismo como Julio Córtazar, quien da a entender con sus palabras la incomodidad que algunos sectores sintieron ante la "amenaza" de los recién llegados. El cuento La Banda, escrito en 1956 pero que narra un suceso acaecido en 1947, es un buen ejemplo de ello:

> Cuando se encendieron las luces, borrando un tanto el indescriptible cielo estrellado y nebuloso, un amigo prolongó su lectura de Crítica con una ojeada a la sala. Había algo ahí que no andaba bien, algo no definible. Señoras preponderadamente obesas se diseminaban en la platea, y al igual que la que tenía al lado aparecían acompañadas de una prole más o menos numerosa. Le extrañó que gente así sacara plateas en el Ópera, varias de tales señoras tenían el cutis y el atuendo de respetables cocineras endomingadas, hablaban con abundancia de ademanes de neto corte italiano, y sometían a sus niños a un régimen de pellizcos e invocaciones.

DIVERSIONES POPULARES

1943

A pesar del bajo precio de las localidades, las salas de teatros sólo eran ocupadas por un mínimo de personas de condición acomodada.

Las diversiones populares, necesidad tan vital como cualquier otra, no estaban al alcance de todos los individuos que trabajaban.

Los bajos salarios de los obreros y los sueldos miserables que percibían los empleados les impedían disfrutar del placer humilde de una hora de expansión. La alegría era un privilegio poco menos que exclusivo de una reducida minoría.

1949

Las localidades son caras y para poder ir a un espectáculo hay que «hacer cola». Las diversiones populares muestran una enorme concurrencia de gente feliz.

El bienestar de las clases trabajadoras se demuestra, además, en las grandes masas que se desplazan para gozar de la alegría de vivir, para cimentar el optimismo de un pueblo que ha encontrado la ruta de su destino.

DIVERSIONES POPULARES
1943

A pesar del bajo precio de las localidades, las salas de teatros sólo eran ocupadas por un mínimo de personas de condición acomodada.

Las diversiones populares, necesidad tan vital como cualquier otra, no estaba al alcance de todos los individuos que trabajaban.

> Los bajos salarios de los obreros y los sueldos miserables que percibían los empleados les impedían disfrutar del placer humilde de una hora de expansión. La alegría era un privilegio poco menos que exclusivo de una reducida minoría.
>
> 1949
>
> Las localidades son caras y para poder ir a un espectáculo hay que "hacer cola". Las diversiones populares muestran una enorme concurrencia de gente feliz.
>
> El bienestar de las clases trabajadoras se demuestra, además, en las grandes masas que se desplazan para gozar de la alegría de vivir, para cimentar el optimismo de un pueblo que ha encontrado la ruta de su destino.

El público, evidentemente era de un sector social no habituado a participar de este tipo de eventos.

> Llegaban parejas, grupos de tres o cuatro señoritas venidas con lo que Villa Crespo o el Parque Lezama estiman elegante, y había grandes encuentros, presentaciones y entusiasmos en distintos sectores de la platea.

Al personaje del cuento creado por Córtazar:

> Hasta ese momento lo había preocupado una serie de elementos anómalos sueltos: el mentido programa, los espectadores inapropiados, la banda ilusoria en la que la mayoría era falsa, el director fuera de tono, el fingido desfile, y él mismo metido en algo que no le tocaba. De pronto le pareció entender aquello en términos que lo excedían infinitamente. Sintió como si le hubiera sido dado ver al fin la realidad. Un momento de realidad que le había parecido falsa porque era la verdadera, la que ahora ya no estaba viendo. Lo que acababa de presenciar era lo cierto, es decir lo falso. Dejó de sentir el escándalo de hallarse rodeado de elementos que no estaban en su sitio, porque en la misma conciencia de un mundo otro, comprendió que esa visión podía prolongarse a la calle, a El Galeón, a su traje azul, a su programa de la noche, a su oficina de mañana, a su plan de ahorro, a su veraneo de marzo, a su amiga, a su madurez, al día de su muerte.

El segundo de los períodos, siguiendo el análisis sugerido por Plotkin, abarca los años de 1948 a 1950, y se trata de aquel en el cual se produce la institucionalización del aparato simbólico, ya sin un proceso de lucha, pero con un fuerte mecanismo de rutinización y control sobre los símbolos. Es en este período que ubicamos la Fiesta Nacional de la Educación Física que procuraremos abordar a continuación. En este momento se intenta unificar el sentido de la celebración, en una mitología y la configuración de lo que diversos autores llaman la liturgia peronista. Conviene recordar que en el período precedente, y más puntualmente en 1946, el acto oficial por la conmemoración del 17 de octubre se realizó en Plaza de Mayo y contó con el discurso de delegados sindicales antes de la palabra del Presidente. Por su parte, Cipriano Reyes, en actitud de rebeldía, por la decisión de Perón de clausurar el Partido Laboralista, también llevó adelante su propia

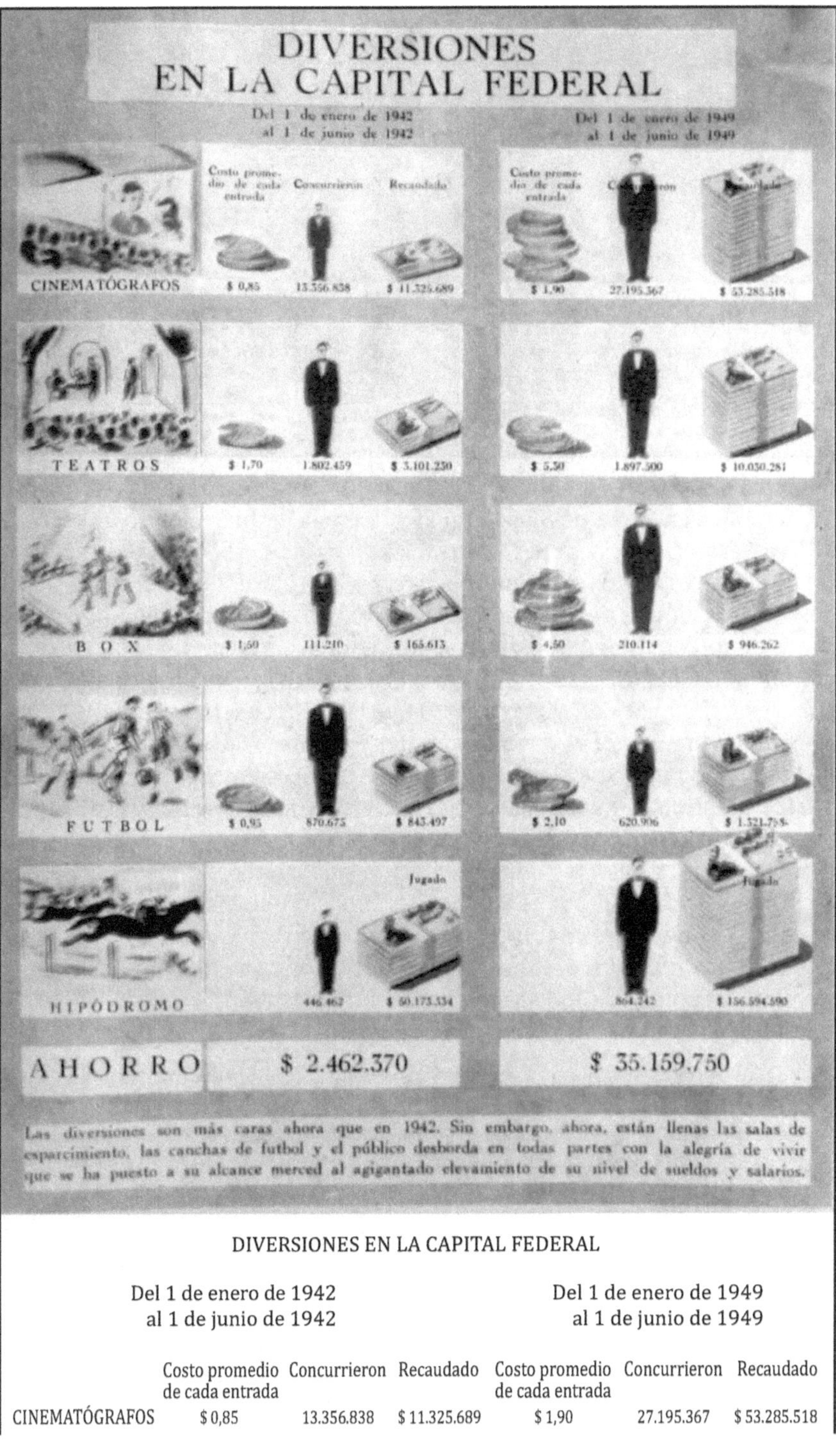

DIVERSIONES EN LA CAPITAL FEDERAL

	Del 1 de enero de 1942 al 1 de junio de 1942			Del 1 de enero de 1949 al 1 de junio de 1949		
	Costo promedio de cada entrada	Concurrieron	Recaudado	Costo promedio de cada entrada	Concurrieron	Recaudado
CINEMATÓGRAFOS	$ 0,85	13.356.838	$ 11.325.689	$ 1,90	27.195.367	$ 53.285.518

	Costo promedio de cada entrada	Concurrieron	Recaudado	Costo promedio de cada entrada	Concurrieron	Recaudado
TEATROS	$ 1,70	1.802.459	$ 3.101.230	$ 5,30	1.897.500	$ 10.030.281
BOX	$ 1,50	111.210	$ 165.613	$ 4,50	210.114	$ 946.262
FUTBOL	$ 0,95	870.673	$ 843.497	$ 2,10	620.906	$ 1.321.758
HIPÓDROMO		446.462	$ 50.173.334		864.242	$ 156.594.590
AHORRO		$ 2.462.370			$ 35.159.750	

Las diversiones son más caras ahora que en 1942. Sin embargo, ahora están llenas las salas de esparcimiento, las canchas de futbol y el público desborda en todas partes con la alegría de vivir que se ha puesto a su alcance merced al agigantado levantamiento de su nivel de sueldos y salarios.

conmemoración a quince cuadras del festejo oficial, en la Plaza de los Dos Congresos, e incluso la Unión de Intelectuales Peronistas celebró el mismo 17 una misa en Plaza de Mayo con la presencia de Juan Domingo Perón y de Eva Perón (Plotkin, 2007:169).

El tercer período se extiende entre 1950 y el final del segundo mandato peronista y es aquel en el cual se produce la cristalización del ritual, con el definitivo monopolio del espacio simbólico y la eliminación de la espontaneidad, característica que fue atenuándose con el correr del tiempo y merced al mayor control estatal. De ese modo, el establecimiento de la agenda de celebraciones quedó a cargo del gobierno, al igual que la gestión de los recursos y actos que habrían de llevarse a cabo. Si la conformación de una identidad es una de las prioritarias acciones que debe realizar un movimiento político para identificarse, diferenciarse y darse vigencia, podemos afirmar que el peronismo durante sus primeros años de gobierno ha logrado con creces ese objetivo. El primer peronismo debió formar una identidad donde antes no había nada, y por eso tuvo que apelar a la construcción de símbolos y fechas que le permitiera una identificación, una integración como grupo y la creación de un "nosotros", en oposición a un "ellos". Se buscó una

> ruptura en el sistema de clasificaciones sociales, poniendo junto aquello que estaba usualmente separado e integrando elementos que de otra manera estarían excluidos de un espacio social particular, en este caso la Plaza de Mayo. (Plotkin, 2007:206)

El rol atribuido a los festejos públicos, creados para formar multitudes –hombres más virtuosos– mediante una liturgia ordenada, estaban diseñados para crear un efecto emocional (Mosse, 2007).

> El culto al pueblo se convirtió en culto a la nación y la nueva política trató de expresar esa unidad mediante la creación de un estilo político que en realidad se transformó en una religión secularizada. ¿Cómo se logró esto?: desde comienzos del siglo XIX, a través de la utilización de mitos y símbolos nacio-

nales, y del desarrollo de una liturgia que permitía participar al pueblo en dicho culto. (Mosse, 2007:16)

Para Mosse, "vivir la vida plenamente" se convirtió en un mito secular en el que los festejos nacionales o públicos simbolizaron el punto álgido de la existencia. En ese sentido, una ocasión era festiva cuando, mediante símbolos, ponía de manifiesto un "nuevo mundo": completo, cohesionado y, sobre todo, hermoso. En el caso del peronismo, el movimiento se presentó eficazmente como lo nuevo en la política nacional absolutamente desligado de los sucesos que canalizaron la atención pública en la precedente década infame.

Las modalidades adoptadas por el gobierno convirtieron a los actos políticos en un espectáculo cargado de símbolos, que convocaba a grandes concentraciones de masas, entre las que se destacan las grandes movilizaciones gimnásticas "militarizadas" y las justas deportivas masivas. Es que la legitimidad del peronismo se retroalimentó con la participación popular y ésta fue reforzada a través de la "asistencia a actos públicos, ritos, festivales, donde se exhibía el entusiasmo y el simbolismo que lo identifica con el ideario democrático-popular" (Girbal Blacha, 1997:1). Se trata de rasgos que expresan un clima de época, de un estilo de política que se expresó en los Estados modernos a partir de los años de entreguerras. Convocar a nuevos actores sociales requería apelar a modelos novedosos en la forma de hacer política. Estas figuras y símbolos, junto a las acciones realizadas en el campo de las actividades físicas, sirvieron para cumplir el propósito buscado: la creación de un cuerpo público sano, fuerte, visible y movilizado.

Como se aprecia, el rol del Estado es central, tanto en el plano de la cultura física, como en una de sus consecuencias, que es la ocupación del espacio público. De este modo, se transforma en actor principal, dado que orienta, regula, patrocina y universaliza la práctica de la Educación Física y de los deportes, con el propósito de contribuir, desde su perspectiva, en la formación de un pueblo más sano y más próspero.

Difusión en torno al evento

La forma en la que el gobierno articuló un discurso oficial con la finalidad de captar y afianzar adhesiones fue mediante la Subsecretaría de Informaciones. Este organismo fue el encargado de resaltar los modos en que se llevaban a cabo las acciones de gobierno, y asegurar una profusa difusión "en el marco más amplio de emisiones de todo tipo y transmitido por todos los medios" (Gené, 2005:33). Las numerosas publicaciones oficiales consultadas nos dan la pauta de la importancia de la cultura física, y cómo ésta se incluyó entre los temas a difundir por el Estado. La planificación y los contenidos se dejan entrever en el estilo discursivo utilizado en las fuentes documentales. Si bien el término propaganda aparece asociado con los regímenes totalitarios, en particular el fascismo y el nazismo, la propaganda moderna fue utilizada también por países tales como Inglaterra o Estados Unidos, siendo situado su origen a comienzos del siglo XX –en particular la Revolución Rusa y luego de la I Guerra Mundial– (Kriguer, 2012).

La Fiesta Nacional de la Educación Física según los medios

"Efectuárase hoy la fiesta de la Educación Física" se lee en la página 3 del diario *La Nación* del 3 de diciembre de 1949. Más abajo sigue con la descripción del evento:

> Con la participación de más de siete mil alumnos de ambos sexos de los establecimientos dependientes de las Direcciones Generales de Enseñanza secundaria, normal y especial, de enseñanza técnica y de los Institutos Nacionales de Educación Física, hoy a las 17 en el estadio del Club Atlético River Plate se efectuará la fiesta de la Educación Física que anualmente organiza el Ministerio de Educación.

El informe sobre lo acontecido con la fiesta puede leerse en una amplia cobertura que incluye una fotografía, en la edición del 4 de diciembre de 1949.

> Constituyó una reunión de emoción y belleza la fiesta de la Educación Física, realizada ayer en el estadio del Club Atlético River Plate y organizada por el Ministerio de Educación.

La cuestión de género es mencionada por el periódico:

> ...con una armonía y gracia singulares las niñas fueron ejecutando sus danzas al compás de trozos sincopados que ejercitaba una banda del ejército. La nota final reunió a todo el elenco femenino y mientras los alumnos de los colegios configuraron un gráfico, Viva la Patria, el núcleo de paisanos enmarcaba el campo, centralizando pañuelos blancos y azules. El atuendo de tan colorido cuadro y sus efectos emotivos, repercutieron en la concurrencia, con prolongadas muestras de agrado.

Por su parte, el diario *Democracia* prefiere centrar la trascendencia de la fiesta en la figura de Juan Domingo Perón:

> A medida que se aproxima la fecha en que habrá de celebrarse la Fiesta Nacional del Deporte en honor del Presidente de la República y de su esposa, doña María Eva Duarte de Perón, se ultiman con todo entusiasmo preparativos para que esta elocuente demostración que brindaran todas las entidades deportivas del país alcance el más franco y auspicioso de los éxitos.

Democracia describe lo que será la celebración:

> ...homenaje merecido y auténticamente popular, la Fiesta Nacional del Deporte se realizará en un marco cómodo y amplio, el estadio del Club Atletico River Plate, cuyas espaciosas tribunas albergarán sin duda una importante muchedumbre deseosa de poder testimoniar al General Perón y a su señora esposa todo el agradecimiento que el país les debe por su constante y bienhechora acción en beneficio del desarrollo de nuestros deportes.

Elegimos estos dos diarios[14] por tratarse de publicaciones que se encuentran en las antípodas ideológicas. Mientras que *La Nación* representaba desde su fundación, en el año 1870, a los sectores elitistas de la sociedad, y por ende era fuertemente opositor, *Democracia* era un diario ligado al Gobierno, en el que incluso Perón escribía con un seudónimo columnas de opinión. Podemos apreciar cómo *La Nación* se refirió al evento como Fiesta de la Educación Física, y según *Democracia* era la Fiesta Nacional del Deporte. Como apreciamos, las ideas implementadas por el gobierno peronista tenían que ver con una estrecha analogía entre ambos conceptos, siendo el deporte la puerta de entrada para la Educación Física (Perón, 1954c), por eso creemos que al tratarse de un periódico vinculado al peronismo esa distinción existente entre ambas actividades se ve difuminada.

La marcha de la Educación Física

La invitación al evento incluía la letra de la marcha de la Educación Física con letra de Vicente C. Chiara y Alberto Cofolelli[15], que transcribimos a continuación:

Jóvenes fuertes, disciplinados.
Llenos de vida, marciales van
con alegría, con entusiasmo,
marchando cantan en son de paz,
El cuerpo esbelto, la vista al frente,
pasan radiantes de juventud.
Muestran gallardos la recia estirpe
de la gloriosa Nación del Sud.
    Coro
¡Arriba juventud de la Argentina!
Brillante porvenir de mi nación,
que jura defender con hidalguía
la gloria de su honrosa tradición.
Reserva juvenil de nuestra Patria,
que es patria de José de San Martín,
que lleva la consigna sacrosanta,
de vencer en la lucha o de morir
    I (Bis)

---

14. El libro compilado por Julio César Melon Pirro y María Liliana Da Orden, *Prensa y Peronismo. Discurso, prácticas, empresas. 1943-1958* (2007) reúne una serie de trabajos que indagan en profundidad en la relación entre los medios de comunicación y el peronismo desde una perspectiva sugerente que se interroga sobre el rol de algunos medios en tanto empresas o actores políticos.

15. El músico fue también el autor de la marcha del reservista y de la marcha escrita para las fuerzas blindadas llamada "Nahuel", en referencia a la llegada de los tanques Nahuel DL 43 en el año 1944. Su actuación nos sirve para apreciar el componente militarista presente en las partituras, y que impregnó ciertos aspectos de la cultura física desarrollada durante esos años.

Todos sonrientes, el pecho erguido,
llenos de vida, marciales van,
brota el aplauso, cunden los vivas,
esparce gloria su desfilar.
Su sol al viento luciendo al tope.
inmaculada, flameando va,
la enseña hermosa, que allá naciera,
en las barrancas del Paraná.
       Coro

Como se pudo apreciar, es una marcha que deja varios aspectos para resaltar. La mayoría de ellos buscan asociar las prácticas deportivas con el componente militar que, como vimos, tuvo su auge a fines de siglo XIX, y desde la década del treinta había vuelto a ganar adeptos. El propio concepto de marcha remite a lo estrictamente castrense. La utilización del término marcial va en sintonía con una Educación Física militarista, al igual que la exaltación de la figura del Libertador José de San Martín, aunque en este último caso, además podemos pensarlo en los esfuerzos que hace el peronismo para filiar la figura de su referente en la acción realizada por el "Libertador". De ese modo, las ideas peronistas de soberanía política, independencia económica y justicia social encuentran un origen destacado y valorado por toda la sociedad argentina (Plotkin, 1993). Por otro lado, a finales de 1949 estamos en las vísperas de entrar en el centenario de su muerte, y todos los actos gubernamentales oficiales estarán teñidos de la leyenda "año sanmartiniano". Las vivas y el desfilar también son componentes indisociables del mundo bélico. La utilización de dos términos caros al pensamiento nacionalista, tales como Patria y Nación se usan indistintamente en la pieza musical, seguramente porque en esos años el concepto más utilizado empieza a ser el de la Nueva Argentina, que encuentra en la referencia a la "gloriosa Nación del Sud" su lugar en la marcha. Por último, lo juvenil, y ligado a esta condición, lo recio y vigoroso, responde al concepto peronista que hemos desarrollado a lo largo de esta tesis, respecto a la necesidad de formar cuerpos fuertes, sanos y movilizados que aseguren el bienestar nacional para los años venideros.

Importancia de la radio como medio de comunicación

El trabajo de Clara Kriguer, *La propaganda política en los documentales producidos por el primer peronismo,* nos ilustra acerca de cómo la primera guerra mundial fue el marco de posibilidad para el desarrollo de la propaganda política a través de los medios masivos de comunicación. A tal efecto, todos los países involucrados en la contienda bélica crearon oficinas estatales desde las que se diseñaba y producía todo tipo de propaganda radial, escrita, gráfica y cinematográfica destinada para el mercado local y también para ser difundida en el exterior. Las tecnologías de la comunicación, sobre todo el cine y la radio, se habían popularizado y los actores del momento percibieron que esta confluencia de intereses entre oportunidad política y desarrollo tecnológico daba como resultado una herramienta de asombrosa eficacia.

La radio señoreó esos años. Gente que jamás leía los diarios se enteraba de lo que pasaba en el país y en el mundo mediante los noticiarios, algunos de ellos célebres por el estilo que habían adquirido. (Luna, 1984:487)

La propaganda emitida lograba, mediante técnicas de persuasión, una influencia en la masa de receptores capaz de modificar la *opinión pública.*

Según el Censo de Población de 1947 nuestro país tenía en esos años 15.897.000 habitantes, correspondiendo así un receptor de televisión por cada 65.000 habitantes mientras que en la radiodifusión sonora la situación era muy diferente ya que existía un receptor de radio por cada 6 habitantes. (Arribá, 2005:54)

Debido a su masividad, la radio fue, indudablemente, el medio de comunicación por excelencia de la época, tener una fuerte presencia en él se convirtió en una prioridad para los gobiernos.

"A la radio se pegaba, pues, la familia, a la hora de las comidas: las amas de casa a la tarde cuando podían escuchar tranquilas las novelas; los chicos, cuando volvían de la escuela, para seguir las aventuras de pandillas y compañías infantiles que todas las tardes los transportaban en extraordinarias peripecias; los maridos, a la noche, para deleitarse con las audiciones cómicas o los conciertos de música popular que brindaba en ardua competencia con las mejores orquestas del momento, o para seguir las audiciones de preguntas y repuestas con sus suculentos pozos. (Luna, 1984:487)

La radiofonía argentina de la década del cincuenta fue fundamental para construir la identidad peronista[16] y fue considerada como una de las herramientas más importantes para difundir su política estatal. A través de ella se profundizó dicha identidad, para lo cual se utilizaron las matrices interpretativas y productoras de discursos propios tan ligados al peronismo, las que quedaron plasmadas en las numerosas transmisiones de esa época.

El gobierno justicialista no sólo utilizó en las radios la masiva adhesión que despertaba Eva Duarte sino también a intelectuales como Enrique Santos Discépolo, para llevar adelante una estrategia comunicacional que, hasta el día de hoy, identifica a un gran sector de la sociedad argentina. Todo este potencial fue aprovechado por el gobierno peronista para difundir la fiesta de la Educación Física.

Varios de los tópicos que aparecían de modo recurrente en los discursos de Perón respecto a las bondades de la Educación Física pueden apreciarse en estos mensajes radiales. Los analizaremos a continuación.

El lugar otorgado a los jóvenes fue relevante en el peronismo. De acuerdo al análisis efectuado por Sandra Carli (2002) el peronismo prohijó una política de democratización social de la situación educativa infantil que daba respuesta a un conjunto de demandas sociales de larga data desde un

---

16. Y también lo fue para incentivar el levantamiento cívico militar contra Perón en 1955. Véanse el *Libro Negro de la Segunda Tiranía* y *Así cayó Perón*, entre otros.

Estado que se presentó de manera omnipresente. Complementariamente, resignificó la respuesta a ese conjunto de exigencias sociales previas a una voluntad de sujeción de la población infantil a una nueva cultura política, de esa forma la niñez se pensaba desde las esferas de decisión gubernamental como depositaria de la acción social del Estado, y como heredera y continuadora de la nueva cultura política (Carli, 2002).

> La juventud estudiosa de Buenos Aires realiza mañana a la tarde en el estadio del Club Atlético River Plate su fiesta máxima: La Fiesta de La Educación Física. Reunidos en grupos compactos, y cara al sol, jóvenes de ambos sexos y de todas las edades han de hacer una demostración de sus actividades habituales en los establecimientos, poniendo de relieve que son algo más que una esperanza para la Patria.

La preparación física de los alumnos se empieza a cumplir masivamente en todos los establecimientos educativos, y es importante que la sociedad se entere de ello:

> Las Escuelas Profesionales, en cuyos planes de estudio ha sido incluida en el corriente año la Educación Física, actuarán en número de mil doscientos una demostración gimnástica, y luego veremos a los jóvenes de todo tipo de escuela, Normales, Nacionales y Comerciales, efectuar una clase de gimnasia en número de mil seiscientos. La agilidad, el arrojo y la destreza se podrán apreciar a continuación en un número de ejercicios deportivos, y en el que intervienen alumnos de colegios oficiales y adscriptos.

Según el pensamiento de la época las condiciones psicofísicas eran diferentes en el hombre y la mujer, por lo tanto debían realizar distintas actividades deportivas (Cornelis, 2005). El Plan Analítico de Salud Pública llevado adelante por Ramón Carrillo plantea que

> se eliminará a la mujer de toda actividad atlética y, en cuanto al deporte, practicará aquellos que estén dentro de su femeneidad y posibilidades físicas. Y a continuación del vigor la gracia: la gracia femenina que convierte los movimientos gimnásticos en plasticidad y belleza. (Carrillo,1947:715)

El rescate de las tradiciones autóctonas va en sintonía con la concepción que el peronismo tiene de la cultura, en abierta oposición a lo sucedido hasta su llegada al poder:

> Y para terminar, un conjunto de 1600 niños de institutos adscriptos nos hará recordar en bailes folklóricos nuestras más caras tradiciones. Jóvenes correctos y educados en actitudes varoniles, niñas disciplinadas, mostrando su gracia femenina, a los aires, con música y cantos de nuestra tierra, en bailes honestos y llenos de gracia como nuestras chacareras y cielitos.

La idea que tenía el gobierno peronista acerca de una educación integral, en detrimento de la educación enciclopedista tan en boga hasta entonces, pero que según el pensamiento peronista no formaba ciudadanos aptos para el trabajo ni promovía el desarrollo colectivo, encuentra en las palabras de Vázquez un fiel intérprete, ya que la Educación Física contribuye en forma eficiente y efectiva, no solo a un buen desarrollo orgánico, sino a la formación del carácter y de la personalidad de la juventud.

La ocupación estratégica del espacio que hace el peronismo y la presencia de las masas en el espacio público de forma masiva y visible, legitimadas por la invitación estatal, nos lleva a un sugerente interrogante ¿qué significa en la década del cuarenta su presencia en un estadio reconocido?

El público, que tiene libre acceso al Monumental estadio de Nuñez, podrá apreciar mañana el esfuerzo que realiza la escuela argentina para lograr una educación integral del futuro ciudadano, propendiendo a un tiempo al cultivo del cerebro que piensa, del corazón que siente y del músculo que ejecuta.

En el peronismo, a la vez que se exalta el renacer de un orgullo nacional que hacía largos años no aparecía, se apela a la democracia y la justicia social para convocar políticamente a los jóvenes y a los niños con la finalidad de fundar una nueva hegemonía política. Ellos son los destinarios de la retórica oficial (Carli, 2002).

Quien asista al espectáculo de mañana no podrá reprimir una sensación de íntimo orgullo nacional frente a ese estudiantado sano y vigoroso como el suelo que lo vio nacer, en una auténtica expresión de juventud, reviviendo en este pedazo de América, aquel ideal de la educación helénica, que nos llega aún refrescante a través de los siglos, como un soplo sonriente de encantadora adolescencia. Allí está lo que anhela al Ministerio de educación: una juventud que sabe pensar porque cultiva en las aulas su intelecto; una juventud vigorosa porque se ha forjado atléticamente bajo la caricia tostadora del sol bienhechor; una juventud sensible a la belleza porque la historia nos muestra que la Educación Física y el arte marcharon siempre en estrecho paralelismo; una juventud buena porque sintió al par la influencia bienhechora del precepto moral predicado en la palabra, y esa otra influencia, no menor, de la práctica del deporte al aire libre, que lima las asperezas, que iguala bajo la misma camiseta deportiva todas las clases sociales, que amplía el corazón en un sentimiento de solidaridad, que pone en los ojos esa franca expresión del que sabe perder sin dolor y ganar sin orgullos estériles; una juventud en síntesis inteligente, serena, generosa y fuerte que puede ofrendarse integralmente a su país como ejemplo ante el mundo. (Editorial Radial del 12-11-48 transmitido por Radio del Estado en cadena a las 20.30 hs)

En el horario en que la familia se sentaba a la mesa y compartía las vivencias cotidianas, el peronismo utilizó la potencia de la radio para hacer llegar algunas de sus ideas referidas al rol de la Educación Física como formadora de ciudadanos sacrificados y disciplinados.

Es un error suponer que estos actos están destinados exclusivamente a fomentar el culto de la fuerza física. Cuando se dice que la Patria necesita una juventud fuerte, no se piensa solamente en el vigor de los músculos, sino en la fortaleza del carácter. El atletismo y el deporte son por sobre todas las cosas escuela de disciplina. La Revolución ha dado apreciable impulso a la Educación Física creando un Consejo Nacional que la orienta y vigila estimulando las competencias deportivas y señalando a la pública consideración a aquellos ciudadanos que se han destacado, más que por sus actitudes, por su perseverancia, su disciplina y su sacrificio.

La importancia atribuida a la salud, desempeña un rol clave en el imaginario peronista respecto a la actividad física.

> La Educación Física, si siempre ha sido necesaria, mucho más lo es ahora. La vida en las ciudades modernas, donde se concentra la mayor parte de la población, dista mucho de ser saludable. El maquinismo creciente torna a las actividades del hombre mucho más sedentarias. En compensación, es necesario proporcionar al organismo aire libre y ejercitar en el atletismo y en el deporte las aptitudes que el trabajo ya casi no requiere. La Educación Física es, pues, un medio de resguardar la propia vida.

La exaltación de un cuerpo equilibrado que priorice tanto la formación intelectual como la física es un tópico recurrente en los postulados del peronismo:

> El poeta antiguo pedía a los dioses, como bien supremo, la dicha de poseer un espíritu sano en un cuerpo sano. Tal debe ser el ideal de nuestra juventud. Si ella se preocupara exclusivamente de cultivar su cuerpo, sin acordarse de sus facultades espirituales, despreciaría lo más noble de su ser. Si obrara de opuesta manera, olvidaría que la patria no solo necesita mentes despiertas para concebir sino brazos fuertes para ejecutar. Con ambas cosas se forja el progreso y nuestros jóvenes no deben olvidarlo.

◆

El caso concreto de la Fiesta Nacional de la Educación Física nos permitió observar la aplicación efectiva de los postulados del Estado peronista en lo referido a la educación de los cuerpos. Dicho evento puede enmarcarse en la importancia otorgada por el elenco gobernante a las manifestaciones multitudinarias. Podemos afirmar que desde su propia constitución como movimiento político procuró elaborar y difundir profusamente en la sociedad un conjunto de símbolos entre los que se destacan las fechas conmemorativas, los lugares míticos, los objetos e imágenes de diverso tipo, además de una abundante difusión por parte de cada Ministerio de su obra. A la vez, dado que se autopercibía y autoconstruía como fundante, el peronismo se encargó de comunicar copiosamente sus planes de gobierno. El objetivo pasaba primordialmente por la necesidad de sustentar y legitimar de manera cotidiana el ejercicio de su poder. En ese sentido, el ejemplo analizado a lo largo de este apartado debe ser pensado en este esquema de construcción de volumen político. Para ello otra característica relevante es la apropiación y los diversos usos del espacio público que tuvieron lugar entre 1946 y 1955 en Argentina. Los mismos pueden interpretarse como operaciones con una fuerte carga de simbolismo realizados con el propósito de establecer nuevas jerarquías sociales. Por cierto estas jerarquías representan un aspecto importante del repertorio utilizado por el naciente movimiento político para forjar un cuerpo público activamente movilizado, y funcional a la idea de ciudadano que se anhelaba moldear. El Estado comenzó a incentivar el tiempo de ocio y el esparcimiento popular, a la vez que se encargó de habilitar los espacios para que ambos puedan ser puestos en práctica. Uno de esos momentos de confluencia fue la Fiesta Nacional de la Educación Física.

Hemos indagado el papel de los diarios con el análisis de dos periódicos situados en las antípodas ideológicas para demostrar la trascendencia del evento. Por su parte, la utilización de la radio para difundir el acontecimiento en horario central donde el grupo familiar se reunía alrededor de la misma, puede pensarse como una potente forma de propaganda moderna, en sintonía con lo acaecido en numerosos países. Finalmente, a lo largo del discurso emitido por el medio de comunicación por excelencia de la época pudimos percibir con claridad los objetivos que se planteó el Estado peronista en relación a la educación de los cuerpos. De ese modo, la exaltación de la juventud, de la nueva patria que se estaba gestando, el rol de la salud, la importancia de nuestro país en el concierto latinoamericano y las bondades que trae aparejada la Educación Física en la personalidad de quienes la practican, son características centrales en pos del objetivo de construir un determinado tipo de ciudadano funcional a los lineamientos estatales que rigieron los destinos de nuestro país entre 1946 y 1955, provocando una cesura con periodos precedentes.

Conclusiones

En estas páginas hemos abordado el campo problemático de la Educación Física en el período que el peronismo primigenio lideró los destinos de los ciudadanos argentinos. Hemos planteado en la introducción que un análisis detallado de los discursos proferidos por Juan Domingo Perón y de las leyes implementadas en sus cerca de 10 años ejerciendo la primera magistratura nos revelaba la importancia atribuida a la misma en la conformación de un nuevo tipo de ciudadano que conformaría la "Nueva Argentina". En efecto, es factible pensar en la Educación Física como un instrumento al servicio del Estado para contribuir al desarrollo de la cultura física de la Nación. Sin embargo, pensamos que la Educación Física durante el peronismo también sirvió para mejorar la salud de la población, y para habilitar el uso del espacio público por parte de sectores que en contadas excepciones lo habían usufructuado. En ese sentido, podemos afirmar que el gobierno fraguó un cuerpo público sano, fuerte, visible y movilizado. Ese cuerpo sano y vital, era el resultado natural de una Nación saludable.

La construcción de la "Nueva Argentina" imaginada por el elenco gobernante se planteaba como una consecuencia del crecimiento individual que buscaba impactar de modo directo en los planos espiritual, moral y físico de cada individuo. Se trataba de reinterpretar *lo público* con una carga moral y patriótica colectiva, pero que le incumbiera a cada individuo-ciudadano, (sobre)dimensionándolo como sinónimo de *lo nacional*, *lo estatal* y *lo argentino* (Galak y Orbuch, 2014:6). Dichas características se pensaba que se obtendrían mediante el desarrollo y la práctica de la Educación Física, y las mismas se tornaban imprescindibles para construir el hombre del mañana que traería como inevitable corolario el engrandecimiento de la Nación.

Como apreciamos, los discursos enunciados por Juan Domingo Perón referidos a la Educación Física han sido numerosos a lo largo de su gestión. Ellos deben interpretarse y analizarse en función de las características del contexto en que fueron emitidos. Hemos demostrado que Perón no ideó una teoría sobre la Educación Física, pese a las prolíficas políticas destinadas a tal fin y a su interés desde muy joven, ya en el Ejército. Fue allí donde contó con la compañía de su tío Conrado Perón, a la palestra docente de esgrima de los cadetes y escritor de un manual relevante de la disciplina, siendo este una influencia importante en la formación de su pensamiento. No debe minimizarse en ese sentido la existencia de un clima épocal con experiencias como la encarnada por Getulio Vargas en Brasil (Schemes, 2004), o las sugerencias de la Junta Interamericana de Defensa de 1945 (Argentina, 1946), referidas a la preparación física de contingentes de personas.

La constante mención a la Educación Física y a los deportes puede ser pensada como una metáfora de la "Nueva Argentina" que se estaba forjando. Los discursos de Perón pueden caracterizarse como políticos dado que buscaron el objetivo de producir un cambio social. Esa capacidad oratoria del ex presidente fue reconocida inclusive por los adversarios, aunque, claro está, en medio de las habituales calificaciones condenatorias tanto a sus políticas como a sus seguidores.

Hemos visto que las alocuciones de Perón elaboran un nuevo estilo de lenguaje político, más llano y directo que el utilizado por los políticos tradicionales, los llamados "doctores", y por ende más cercano a las vicisitudes del pueblo, particularmente cruentas en el período precedente a la llegada al gobierno de este. Para tal fin, el empleo de un determinado lenguaje familiar y coloquial, el uso de conceptos hasta entonces inexistentes como justicia social, igualdad o derechos, sin dudas que estrechó las distancias. Pero lo más relevante pasó por la obra de gobierno realizada a favor de los sectores populares, ya desde 1943 en su cargo de Secretario de Trabajo y Previsión. La misma condicionó de una manera favorable la recepción de sus discursos, puesto que se percibió, tal vez por primera vez en la historia de nuestro país, que no había diferencias entre lo dicho y lo efectivamente realizado.

En lo referido a la Educación Física, los discursos son variados y por eso los hemos clasificado con la finalidad de realizar una ponderación más detallada de los mismos. Encontramos numerosas disertaciones relacionadas a la necesidad del aprendizaje de la actividad física que debía desarrollarse en las escuelas. El objetivo era la constitución de un ciudadano laborioso y útil para el desarrollo de nuestro país. Se buscaba la formación integral de los individuos, debiendo lograrse un equilibrio entre la educación física, moral e intelectual, con el propósito de formar un cuerpo sano y vigoroso.

Los discursos sobre la importancia del deporte en la Educación Física buscaron establecer una genealogía con lo acaecido en el mundo antiguo, donde, desde la perspectiva peronista, tanto los griegos como los romanos basaron su grandeza en la práctica deportiva. Las intervenciones de Juan Domingo Perón a favor de las actividades deportivas fueron relevantes puesto que zanjó una discusión que venía desde los años precedentes respecto a la conveniencia de su utilización en las actividades físicas escolares. La importancia de los deportes venía siendo señalada en los años previos, pero la decidida prédica peronista a favor de los mismos, en sintonía con la proliferación de eventos masivos y con el éxito de numerosos deportistas en el plano internacional, jugó un importante papel[17]. En ese sentido, puede pensarse que el fomento a los deportes se inscribe en una forma de posicionarse en el mundo. Se trata de una Argentina que se exhibe, que se muestra, que está en movimiento. La idea de un futuro promisorio es tributaria de dicha concepción. A su vez, era constante la asociación que Perón realizaba entre el deporte y los trabajos manuales, legitimando el modelo económico vigente en la época, basado en la industrialización sustitutiva de importaciones, dotándolo de un aura de prestigio que antes era inexistente. La actividad productiva y física eran para Perón dos características centrales para poder constituir la "Nueva Argentina" y, cada vez que la ocasión era propicia, se buscaban analogías mediante la equiparación entre los índices de productividad de los trabajadores y las marcas que obtenían los atletas argentinos en todo el mundo.

Paralelamente a los elogios respecto a la importancia otorgada a poseer un estado físico saludable, se dirigían críticas a la educación pretérita, marcadamente intelectualista y enciclopedista, en una reprobación que ya había sido esbozada por el Gobernador de la Provincia de Buenos Aires en la década del treinta, Manuel Fresco.

Los numerosos discursos sobre la niñez y la juventud, así como las revistas destinadas a ese sector generacional fueron una prueba palpable de la importancia que el peronismo comenzó a otorgarles. En efecto, las numerosas políticas implementadas por el gobierno nacional, y dirigidas a ese grupo etario, demuestra que fueron interpelados por el Estado como un ciudadano activo, visible y participativo. Es que en la "Nueva Argentina" los únicos privilegiados eran los niños, y hacia ellos fueron direccionadas numerosas políticas públicas.

También encontramos discursos con instrucciones a los docentes en relación no sólo al trato que debía otorgárseles a los chicos, sino con vistas a la práctica de la Educación Física. Los mismos podían leerse en las revistas educativas de la época como *La Obra*, la *Revista de Educación* de la Provincia de Buenos Aires o el *Monitor*, y también en alocuciones del pro-

---

17. Esta fue una época en la cual numerosos deportistas compiten con éxito en el mundo. Uno de estos deportistas ha sido Juan Manuel Fangio. La asociación entre el éxito deportivo y el éxito de la Nación fue inevitable. "La Argentina había encontrado un héroe que no solo expresaba ideales de movilidad social, igualdad de oportunidades e integración social, sino que era, además, capaz de vencer a los mejores pilotos europeos en las carreras de pista" (Archetti, 2001:89).

pio Perón, quien solía criticar el modo en cómo se enseñaba la Educación Física previo a su llegada a la Presidencia de nuestro país.

Estos discursos encontraron su correlato en las políticas educativas efectuadas bajo el peronismo y en la profusión de leyes sancionadas entre 1946 y 1955. Hemos afirmado que en el proceso de las reformas educativas era primordial comprenderlas, siguiendo las ideas planteadas por Thomas Popkewitz, como parte del proceso de regulación y reproducción social. Para el pensador, la "palabra reforma se refiere a la movilización de los estamentos públicos a las relaciones de poder que definen el espacio público" (Popkewitz y Brennan, 2000:46). De ese modo, el concepto de regulación es funcional para explicar que las instancias y las lógicas del poder pueden ser comprendidas como productivas, es decir, como generadoras de determinadas acciones o concepciones. Parte central de este dispositivo de regulación de poblaciones descansó en la aparición de una serie de específicas técnicas y saberes científicos. Entre los que podemos destacar la creación de instituciones, la formulación de estadísticas y la sanción de numerosas leyes.

Para comprender las mismas se realizó un somero abordaje de lo acontecido con la Educación Física en los años previos, desde el inicio mismo del sistema educativo nacional, donde quedaron delimitadas dos posturas encontradas que se impusieron por sobre las ideas de Juana Manso y Sarmiento. Se trata de la corriente militarista y aquella encarnada en Romero Brest que se encontraba atravesada por específicas concepciones ideológicas que intentaban dar respuesta a problemáticas sociales tales como la construcción de la nacionalidad, la formación de trabajadores y la reproducción de la sociedad. Estas dos corrientes pugnaron por la hegemonía en el sistema educativo hasta la llegada al gobierno de la Provincia de Buenos Aires de Manuel Fresco entre 1936 y 1940. El gobernador bonaerense introdujo modificaciones que influenciaron con posterioridad lo ocurrido en el plano nacional, siendo un ejemplo paradigmático, la creación del Consejo Nacional de Educación Física.

El escasamente abordado período comprendido entre 1940 y 1945 también fue rico en novedades que con posterioridad habrán de influir sobre las decisiones adoptadas por el elenco gobernante peronista. Numerosas publicaciones, Congresos educativos y documentos elaborados por la Dirección General de Educación Física, creada para complementar sus funciones con el mencionado Consejo, y dependiente del Ministerio de Justicia e Instrucción Pública, circularon durante estos años y fueron importantes para que los docentes de Educación Física se interioricen de los mismos, conformando todos ellos un clima de época que signará decisivamente el tiempo posterior. Es así como la idea del juego y del deporte empieza a expandirse rápidamente durante esos años.

Podemos afirmar que el denominado peronismo clásico cumplió un rol trascendente en lo que refiere al desarrollo de la cultura física institucionalizada en la Argentina. Desde sus orígenes, los ejercicios corporales fueron un componente encomiable de la educación integral que se pretendía construir, en una crítica directa a las enseñanzas de tipo enciclopedista que predominaban hasta entonces en el sistema educativo argentino, respetando de ese modo el sentido tradicional de la pedagogía integralista que subordina *lo físico* a *lo intelectual* y a *lo moral*. Así, la Educación Física, los deportes y las gimnasias resultaron claves para masificar políticas estatales en toda la geografía del país, resultando esta capacidad nacional como una importante diferencia con periodos precedentes como la mencionada experiencia de Manuel Fresco en la Provincia de Buenos Aires (Galak y Orbuch, 2014).

La Educación Física funcionó como un elemento clave para la formación de una identidad peronista que, por su parte, fue pensada como representativa de la identidad nacional. En ese sentido, las diversas fiestas Nacionales de la Educación Física celebradas durante el gobierno peronista, sus preparativos, la utilización de la radio como el medio masivo por excelencia que se inmiscuía en todos los hogares argentinos, el usufructúo del espacio público y la exaltación de algunos sectores sociales que pensaban a este como propio trajo aparejado un inevitable choque cultural dado que:

> ...el imaginario peronista también dejó su impronta en el campo cultural: la irrupción de las masas en la esfera pública instauró un antes y un después en la vida cultural, llevándose a cabo un proceso de modernización, que significó el establecimiento de nuevas pautas de consumo y de sociabilidad. El peronismo realizó una determinada planificación de la actividad cultural, orientada hacia la inclusión de nuevos sectores hasta el momento excluidos. (Leonardi, 2006:1)

Que el festejo haya sido en el estadio Monumental de River Plate, el que más capacidad de albergar espectadores posee en Argentina, y ubicado en una zona donde residían (y lo siguen haciendo), personas con alto poder adquisitivo, habla a las claras del rol del Estado en la promoción del ocio y el esparcimiento popular.

Hemos tratado de demostrar a lo largo de nuestra investigación que la Educación Física jugó un importante rol en la constitución del ciudadano que requería la "Nueva Argentina". No obstante, somos conscientes de la riqueza del tema y de sus múltiples conexiones y abordajes. Creemos que durante el peronismo, lo sucedido con la Educación Física, y no sólo con ella, puede interpretarse utilizando una analogía similar a la esbozada por Michel Vovelle (2000) respecto a las caracterizaciones efectuadas por los historiadores sobre la Revolución Francesa. Es decir, pensarla como una "cantera abierta", con las insospechadas y variadas chances de investigación que el tema tiene en lo venidero. Haber aportado a su mejor comprensión es el objetivo prioritario que nos hemos fijado al emprender este trabajo.

Anexos

Anexo I.
Decreto Nacional 11.077 del 2 de mayo de 1944

"Atento a que es concepto unánime que la educación física contribuye en forma efectiva y eficiente al buen desarrollo orgánico y a la formación del carácter de la juventud. Creando asimismo, hábitos saludables de vida y acrecentando su fortaleza física y moral; que en tal sentido debe constituir dentro de nuestras instituciones educacionales una de las más valiosas contribuciones pedagógicas para la formación de la personalidad de los futuros ciudadanos, y considerando que es incuestionable la conveniencia de crear una conciencia colectiva que, exaltando los beneficios de aquellas prácticas educativas, las vigorice en el ambiente docente y las arraigue en el medio estudiantil difundiéndolas en manifestaciones populares y que es deber del Estado propender a la consecución de los propósitos enunciados, determinando un día en las actividades escolares de enseñanza media para ser destinado a la celebración de los expresados ideales educacionales, en cuya oportunidad los respectivos establecimientos de enseñanza puedan efectuar individual o colectivamente, actos públicos que tengan por objeto poner de manifiesto el grado de eficiencia alcanzado en la aplicación del programa oficial de educación física, efectuar la repartición de los premios de los concursos deportivos intercolegiales o internos y discernir las correspondientes insignias a los alumnos que, por su aptitud física y por sus relevantes condiciones de aplicación, moralidad u disciplina, hayan merecido la distinción de "adalid", por ello *el Presidente de la Nación Argentina* DECRETA:

Artículo 1°: Institúyese el "Día de la Educación Física" a los efectos indicados en los considerandos de este decreto.

Art. 2°: El último sábado del mes de octubre de cada año, los establecimientos de enseñanza secundaria, normal y especial dependientes del Ministerio de Justicia e Instrucción Pública, realizarán fiestas estudiantiles en las que se efectuarán formaciones, desfiles, demostraciones gimnásticas y programas de juegos.

Art. 3°: En la Capital de la República dicha fiesta será organizada por la dirección General de Educación Física, la que podrá concentrar con tal objeto a los establecimientos de la Capital Federal y sus alrededores.

Art. 4°: Los premios correspondientes a los concursos deportivos intercolegiales o internos y demás distinciones afines serán entregados en esa oportunidad a los establecimientos en la persona de sus Rectores o Directores y a los alumnos que las hayan merecido.

Art. 5°: Publíquese, comuníquese, anótese, dése al Registro Nacional y archívese. FARREL. Alberto Teisaire."

Anexo II.
Decreto Presidencial del 18 de febrero de 1948 incluido en el tomo I "Gimnasia Educativa y Juegos" publicado por el Consejo Nacional de Educación Física

Artículo 1º. Aprobase como método único de educación física en todo el territorio de la nación el propuesto por el Consejo Nacional de Educación Física, tanto para las instituciones oficiales y privadas en la enseñanza escolar como para la popular.

Artículo 2º. Procédase, por conducto correspondiente, al nombramiento de una comisión técnica que estudie y proyecte su adaptación regional y orgánica en lo relativo a edad y sexo, a fin de crear el futuro método nacional de educación física. Así mismo proponga lo concerniente al ciclo pre escolar y escolar y todo lo relativo a la educación física femenina

Artículo 3º. Adóptense las medidas necesarias para que por medio del organismo que corresponda en cada caso, se realicen cursos de información y perfeccionamiento de los docentes que tendrán a su cargo las actividades que figuran en el método aprobado.

Artículo 4º. Autorízase al Consejo Nacional de Educación Física a imprimir 10.000 ejemplares del método aprobado, cuyo gasto se atenderá con fondos del presupuesto para el año 1948 del Consejo Nacional de Educación Física, aprobado por decreto nº 34.817.

Artículo 5ª. Quedan derogadas todas las disposiciones que se opongan al presente decreto.

Artículo 6º. Comuníquese, dese a la Dirección Gral. de Registro Nacional , publíquese en el Boletín Militar Público y archívese en el Consejo Nacional de Educación Física.

(firma al pié) JUAN DOMINGO PERÓN.

Anexo III.
Programa de la Fiesta de la Educación Física
3 de diciembre de 1949 - Estadio de River Plate

1. Desfile de los equipos participantes en los Concursos Intercolegiales (Marcha del Reservista).Abrirán la marcha delegaciones de las Capitales de todas las Provincias y Gobernaciones argentinas, representadas por el abanderado de cada establecimiento secundario
2. Himno Nacional Argentino.
3. Canción del Estudiante.
4. Ejecución de la marcha de la Educación Física (premiada).
5. Clase de gimnasia femenina. Intervienen 800 alumnas de las Escuelas Profesionales de Mujeres, del Gran Buenos Aires.
6. Clase de Gimnasia de Varones (método único). Por un grupo de 1536 alumnos de los establecimientos de enseñanza media del Gran Buenos Aires.
7. Ejercicios atléticos, varones. (V Parte del método único). Intervienen alumnos de Colegios Nacionales, Escuelas Normales y de Comercio, Instituto Nacional de Educación Física e Institutos Adscriptos del Gran Buenos Aires.
8. Exhibición de gimnasia femenina. Por un conjunto de 1536 alumnas de los Colegios Nacionales de Señoritas, Escuelas Normales y de Comercio del Gran Buenos Aires e Instituto Nacional de Educación Física.
9. Bailes folklóricos (El Tunante, El Ecuador, El Cuando y El Pericón). Por un conjunto de 1536 alumnas de los Institutos Adscriptos del Gran Buenos Aires.

Anexo IV.
Instrucciones para los abanderados de la ceremonia

"Ser abanderado es un honor excepcional y esa circunstancia debe ser tenida en cuenta permanentemente por el beneficiario de esa dignidad para conservar perfecta postura y ritmo correcto y ejecutar los movimientos con especial ajuste y energía. Debe recordar también que el portaestandarte es observado detalladamente por todos y que se encuentra en lugar de privilegio en todo momento, sin obstáculo alguno para la vista de quien lo mire.

La bandera, además, es un atributo cuya celosa custodia se le ha confiado y por tanto jamás debe estar ocupado en otro menester que no sea cuidarlo".

Referencias bibliográficas

ABOY, R. (2008) "Ellos y nosotros. Fronteras sociales en los años del primer peronismo", disponible en: [http://nuevomundo.revues.org/25782]. Consultado el 15 de enero del 2014.

ACHA, O. (2011) *Los muchachos peronistas. Orígenes olvidados de la Juventud Peronista (1945-1955)*. Buenos Aires, Planeta.

ACHA, O. y QUIROGA, N. (2009) "La normalización del primer peronismo en la historiografía reciente". *Revista Eial* 20-2, pp. 1-20, Tel Aviv.

ACHA, O. y QUIROGA, N. (2012) *El Hecho Maldito. Conversaciones para otra historia del peronismo*. Rosario, Prohistoria.

AISENSTEIN, A. (1995) *Currículum presente, ciencia ausente. El modelo didáctico en la educación física: entre la escuela y la formación docente*. Buenos Aires, Miño y Dávila editores.

AISENSTEIN, A. y SHARAGRODSKY, P. (2006) *Tras las huellas de la Educación Física Escolar Argentina. Cuerpo, Género y Pedagogía. 1880-1950*. Buenos Aires, Prometeo.

AMUCHÁSTEGUI, M. (1995) "Los rituales patrióticos en la escuela pública", en: Puiggrós, A. (dir.), *Discursos pedagógicos e imaginario social en el peronismo (1945-1955)*. Buenos Aires, Galerna.

ARCHETTI, E. (2001) *El potrero, la pista y el ring. Las patrias del deporte argentino*. Buenos Aires, Fondo de Cultura Económica.

ARIZAGA, J. (1947) *Aplicación del plan de gobierno a la enseñanza primaria*. Buenos Aires, Ministerio de Justicia e Instrucción Pública. Secretaría de Instrucción Pública.

ARMUS, D. y SCHARAGRODSKY, P. (2013) "El fútbol en las escuelas y colegios argentinos a principios del siglo XX Enrique Romero Brest y el primer capítulo de una historia de (des)encuentros", en: XXVII Simposio Nacional de Historia, pp. 1-15, Natal.

ARRIBÁ, S. (2005) "El peronismo y la política de radiodifusión", en: Mastrini, G. (ed.), *Mucho ruido y pocas leyes. Economía y políticas de comunicación en la Argentina (1920-2004)*. Buenos Aires, La Crujía.

ASCOLANI, A. (1999) *La educación en Argentina. Estudios de Historia*. Rosario, Del Arca.

ÁVILA, R. (2004) "La observación, una palabra para desbaratar y re-significar", *Cinta moebio* 21: 189-199.

BALDUZZI, J. (1987) "Peronismo, Saber y poder", en: Puiggrós, A. (dir.), *Hacia una pedagogía de la Imaginación para América Latina*. Buenos Aires, Contra punto.

BARROS, M. (2012) "Peronismo y Derechos: el lenguaje de derechos en el primer peronismo y sus desafíos y rupturas", en: Tercer Congreso de Estudios sobre Peronismo (1943-2012), Jujuy.

BÉJAR, M. (1992) "Altares y banderas en una educación popular. La propuesta del gobierno de Manuel Fresco en la provincia de Buenos Aires, 1936-1940". *Estudios. Investigaciones*, nº 12, Facultad de Humanidades y Ciencias de la Educación (UNLP).pp. 83-120, La Plata.

BERNSTEIN, B. (1998) *Pedagogía, control simbólico e identidad*. Madrid, Morata.

BERTONI, L. (2001) *Patriotas, cosmopolitas y nacionalistas. La construcción de la nacionalidad argentina a fines del siglo XIX*. Buenos Aires, Fondo de Cultura Económica.

BIANCHI, S. (1996) "Catolicismo y peronismo: la educación como campo de conflicto". *Anuario del Instituto de Estudios Histórico-sociales* nº 11, pp. 45-71, Tandil.

BOURDIEU, P. (1988) *La distinción*. Madrid, Taurus.

BOURDIEU, P. (1992) *Réponses*. París, Seuil.

BOURDIEU, P. (1996) *Cosas dichas*. Barcelona, Gedisa.

BOURDIEU, P. (2001) *La dominación masculina*. Barcelona, Anagrama

BOURDIEU, P. y PASSERON J. (1998) *Los herederos. Los estudiantes y la cultura*. México, Siglo XXI.

BOURDIEU, P. y PASSERON J. (1999) *La Reproducción. Elementos para una teoría del sistema de enseñanza*. México, Fontamara.

BRATCH, W.; GOMES, I. y QUINTAO DE ALMEIDA, F. (2013) "Do corpo productivo ao corpo consumidor: a Educaçao Física na modernidade liquida", en: Varea, V. y Galak, E. (eds.), *Cuerpo y Educación Física. Perspectivas latinoamericanas para pensar la educación de los cuerpos*. Buenos Aires, Biblos.

BURKE, P. (1993) *Visto y no visto. El uso de la Imagen como Documento Histórico*. Barcelona, Editorial Crítica.

CAIMARI, L. (2004) *Apenas un delincuente. Crimen, castigo y cultura en la Argentina, 1880-1955*. Buenos Aires, Siglo XXI.

Caimari, L. (2010) *Perón y la Iglesia católica*. Buenos Aires, Emecé.

Cammarota, A. (2011) "Salud, deporte, nacionalismo y género en los espacios de socialización de niños y adolescentes (1930-1955) Las Colonias de Vacaciones, los Clubes Colegiales y la Unión de Estudiantes Secundario". *Kairos. Revista de temas sociales* nº 28, pp. 1-28, San Luis.

Cammarota, A. (2014) *Somos bachiyeres. Juventud, cultura escolar y peronismo en el Colegio Nacional Mixto de Morón (1949-1969)*. Buenos Aires, Biblos.

Carli, S. (1992) "El campo de la niñez: entre el discurso de la minoridad y el discurso de la educación nueva. 1916-1945", en: Puiggrós, A. (dir.), *Escuela, democracia y orden. Colección: Historia de la educación en la Argentina, Tomo III*. Buenos Aires, Galerna.

Carli, S. (2002) *Niñez, pedagogía y política : transformaciones de los discursos acerca de la infancia en la historia de la educación argentina*. Buenos Aires, Miño y Dávila editores.

Carli, S. (2011) *La memoria de la infancia. Estudios sobre historia, cultura y sociedad*, Buenos Aires.

Caro Baroja, J. (2006) *El Carnaval*. Madrid, Alianza.

Carrillo, R. (1948) *Higiene Pública*. Buenos Aires, Archivos de la Secretaria de Salud Pública.

Caruso, M. (1995) "El año que vivimos en peligro. Izquierda, política y pedagogía", en: Puiggrós, A. (dir.), *Discursos pedagógicos e imaginario social en el peronismo (1945-1955)*. Buenos Aires, Galerna.

Caruso, M. (2002) "La relación pedagógica moderna: cultura y política de la didáctica". *Documento de Trabajo* nº 5. Buenos Aires, Universidad de San Andrés.

Caruso, M. (2005) *La Biopolítica en las aulas. Prácticas de conducción en las escuelas elementales del Reino de Baviera. Alemania (1869-1919)*. Buenos Aires, Prometeo.

Castro Gómez, S. (2010) *Historia de la gubernamentalidad. Razón de Estado, liberalismo y neoliberalismo en Michael Foucault*. Bogotá, Siglo del Hombre.

Cesano, J. (2010) "La política penitenciaria durante el primer peronismo (1946 –1955)". *Revista Historia del Derecho* nº 39, pp. 35-60. Buenos Aires.

Ciria, A. (1983) *Política y cultura popular: la Argentina peronista, 1946-1955*. Buenos Aires, Ediciones de la Flor.

Cornelis, S. (2005) "Control y generización de los cuerpos durante el peronismo. La educación física como transmisora de valores en el ámbito escolar (1946-1955)". *La Aljaba* V. IX, pp. 49-72, Luján.

Cornelis, S. (2012) "Adaptar la normativa y los métodos educativos al contexto local: la educación física en el Territorio Nacional de La Pampa (1930-1955)", en: Cancino, H. y Mora (eds.), *Miradas desde la Historia social y la Historia intelectual. América Latina en sus culturas: de los procesos independistas a la globalización*, pp. 121-137. Córdoba.

Cortázar, J. (1995) *Final del Juego*. Madrid, Anaya.

Cosse, I. (2006) *Estigmas de nacimiento. Peronismo y orden familiar 1946-1955*. Buenos Aires, Fondo de Cultura Económica-Universidad de San Andrés.

Cucuzza, R. (1997) *Estudios de historia de la educación durante el primer peronismo (1943-1955)*. Buenos Aires, Los Libros del Riel.

Chilton, P. y Schaffner, C. (2000) "Discurso y política" en: Van Dijt, T. (comp.), *El discurso como interacción social*. Barcelona, Gedisa.

De Ipola, E. (1983) *Ideología y discurso populista*. Buenos Aires, Folios.

De Marinis, P. (1998) "La espacialidad del Ojo miope (del Poder). (Dos Ejercicios de Cartografía Postsocial)". *Archipiélago. Cuadernos de crítica de la cultura* 34-35, pp. 32-39. Buenos Aires.

Discépolo, E.S. (2006) *Relatos Radiales de Enrique Santos Discépolo*. Rosario, Ediciones Pueblos del Sur.

Dussel, I. y Pineau, P. (1995) "De cuando la clase obrera entró al paraíso: la educación técnica estatal en el primer peronismo", en: Puiggrós, A. (dir.), *Discursos pedagógicos e imaginario social en el peronismo (1945-1955)*. Buenos Aires, Galerna.

Filadoro, T. (1942) "Problemas de la Educación Física", trabajo presentado en las III Jornadas de Kinesiología en la Asociación Médica Argentina. Buenos Aires.

Filadoro, T. (1943) "Educación física y trabajo", Conferencia pronunciada en la Escuela Mixta de Adultos Nº4 del Consejo Escolar 19, Buenos Aires.

Foucault, M. (1976) *Vigilar y castigar*. México, Siglo XXI.

Foucault, M. (1978) *La voluntad de saber. Historia de la sexualidad vol. 1*. Madrid, Siglo XXI.

Foucault, M. (1988) "El sujeto y el poder", *Revista Mexicana de Sociología*, Vol. 50, Nº 3, pp. 232-250.

FOUCAULT, M. (1991) *Genealogía de la moral*. Madrid, La Piqueta.

FOUCAULT, M. (1992) *Microfísica del poder*. Madrid, La Piqueta.

FOUCAULT, M. (1996) *Las redes del poder*. Buenos Aires, Almagesto.

FOUCAULT, M. (2000) *Defender la sociedad. Curso en el Collège de France (1975-1976)*. Buenos Aires, Fondo de Cultura Económica.

FOUCAULT, M. (2006) *Seguridad, territorio, población*. Buenos Aires, Fondo de. Cultura Económica.

FOUCAULT, M. (2009) *Vigilar y Castigar*. Buenos Aires, Siglo XXI.

FRESCO, M. (1940) *La Educación Física: una innovación de mi gobierno. Sus fundamentos y su aplicación*. Buenos Aires, Damiano.

GALAK, E. (2012) "Del dicho al hecho (y viceversa). El largo trecho de la construcción del campo de la formación profesional de la Educación Física en Argentina. Legalidades, legitimidades, discursos y prácticas en la institucionalización de su oficio entre finales del siglo XIX y el primer tercio del XX", Tesis de Doctorado, mimeo.

GALAK, E. y ORBUCH, I. (2014) "Forjando cuerpos fuertes, sanos y peronistas. Los héroes deportivos de Avellaneda durante el primer peronismo (1946-1955)". Ponencia presentada en las XVIII Jornadas de Historia de la Educación, General Sarmiento.

GENÉ, M. (2005) *Un mundo feliz*. Buenos Aires, Fondo de Cultura Económica.

GIOVINE, R. (2012) *El arte de gobernar el sistema educativo. Discursos de Estado y redes de integración socioeducativas*. Quilmes, Universidad de Quilmes.

GIRBAL BLACHA, N. (2000) "Acerca de la vigencia de la Argentina agropecuaria. Estado y crédito al agro durante la gestión peronista (1946-1955)", *The Americas* 56:3 enero, pp. 1-25.

GIRBAL BLACHA, N. (2006) "Las representaciones agrarias y el Estado interventor (1930-55) Continuidades y cambios en el imaginario colectivo argentino", en Séptimo Congreso de ALASRU, Quito.

GIRBAL BLACHA, N. (2008) *Poder simbólico*. Disponible en: [http://www.cecies.org/articulo.asp?id=142], consultado el 15 de enero de 2014.

GLEYSE, J. (2011) "La metáfora del cuerpo máquina en la Educación Física en Francia", en: Scharagrodsky, P. (ed.), *La invención del "homo gymnasticus". Fragmentos históricos sobre la educación de los cuerpos en Occidente*. Buenos Aires, Prometeo.

GÓMEZ, J. (2006) "Una Educación Física para dejar de excluir", en: Grasso, A. (comp.), *La Educación Física cambia*. Buenos Aires Ediciones Novedades Educativas.

GOODSON, I.F. (1995) *Historia del curriculum. La construcción social de las disciplinas escolares*. Barcelona, Pomares-Corredor.

GRINBERG, S. (2011) "Gubernamentalidad y educación en tiempos de gerenciamiento. Reflexiones en torno de la experiencia de los dispositivos pedagógicos en contextos de extrema pobreza urbana", en VIII Encuentro de Cátedras de Pedagogía de Universidades Nacionales Argentinas, La Plata.

GUINZBURG, C. (2004) *Tentavivas*. Rosario, Prohistoria.

GUTIÉRREZ, A. (2012) *Las prácticas sociales. Una introducción a Pierre Bourdieu*. Villa María: EDUVIM.

HUNTER, I. (1998) *Repensar la escuela. Subjetividad, burocracia, crítica*. Barcelona, Ediciones Pomares–Corredor.

JAMES, D. (2010) *Resistencia e integración: El peronismo y la clase trabajadora argentina, 1946-1976*. Buenos Aires, Siglo XXI.

JUÁREZ NÉMER, O. (2012) "Discursos de verdad: ficción de sí mismo y gubernamentalidad en la invención del futuro", ponencia presentada en Terceras Jornadas de Debate Actuales de Teoría Política Contemporánea. Buenos Aires.

KRIGUER, C. (2012) "La propaganda política en los documentales producidos por el primer peronismo", en Tercer Congreso de Estudios Peronistas, Jujuy.

LE BRETON, D. (2002) *Antropología del cuerpo y modernidad*. Buenos Aires, Nueva Visión.

LEONARDI, Y. (2006) "Nuevos consumidores culturales y la modificación del espacio urbano durante los años peronistas", ponencia presentada en el simposio Peronismo, políticas culturales (1946-2006), University of Southern California, Princeton University y Fundación Palenque Rugendas, Buenos Aires, agosto de 2006.

LEONARDI, Y. (2010) "Teatro y propaganda durante el primer gobierno peronista: la difusión de los imaginarios sociales", en Primer Congreso de estudios sobre el peronismo. Buenos Aires.

LEVENE, H.; AMAVET, A. y PERÓN, C. (1937) *Historia de la Educación Física*. Buenos Aires, Publicación del Ejército Argentino, Dirección

General de Tiro y Gimnasia, Inspección de Gimnasia y Esgrima.

LEVENE, H. (1944) *Pedagogía de la Educación Física: apuntes.* Buenos Aires, Dirección General de Tiro y Gimnasia, División Educación Física.

Libro Negro de la Segunda Tiranía (1958) Buenos Aires.

LIONETTI, L. (2007) *La misión política de la escuela pública: formar a los ciudadanos de la república (1870-1916).* Buenos Aires, Miño y Dávila editores.

LUNA, F. (1984) *Perón y su tiempo.* Buenos Aires, Sudamericana.

LUPO, V. (2004) *Historia política del deporte argentino (1610-2002).* Buenos Aires, Corregidor.

MACOR, D. (2009) "Representaciones colectivas en los orígenes de la identidad peronista". *Revista de Estudios Sociales Contemporáneos* nº 3, pp. 84-102. Mendoza.

MALLIMACI, F. (1992) "500 años de cristianismo en la Argentina", *CEHILA,* pp. 35-49. Buenos Aires.

MAMONDE, M. (2008) "¿Qué quiere Perón de la Educación Física?", Primer Congreso de Estudios sobre el peronismo. Buenos Aires.

MELON PIRRO, J.C. y DA ORDEN, L. (2007) *Prensa y Peronismo. Discurso, prácticas, empresas. 1943-1958.* Rosario, Protohistoria.

MINELLO, M. (1999) *A modo de silabario. Para leer a Michael Foucault.* México, El colegio de México.

MIRANDA, M. y GIRÓN SIERRA, A. (2008) *Cuerpo, biopolítica y control social. América Latina y Europa en los siglos XIX y XX.* Buenos Aires, Siglo XXI.

MORALES SAÉZ, N. (2009) "El cuerpo, la medicina y la tecnociencia: apuntes históricos sobre la medicalización", en: *Cuerpos, emociones y sociedad,* pp. 82-85. Córdoba.

MOSSE, G. (2007) *La nacionalización de las masas. Simbolismo político y movimientos de masas en Alemania desde las guerras napoleónicas al Tercer Reich.* Buenos Aires, Siglo XXI.

NEWTON, J. (1955) *Perón, un visionario.* Buenos Aires, Ediciones del autor.

NOGUERA, C. (2009) "La Gubernamentalidad en Los Cursos del Profesor Foucault". *Revista Educaçao & Realidade* 34 (2), pp. 21-33. Río Grande Do Sul.

OLIVER, M. (1981) *Mi fe es el hombre.* Buenos Aires, Lohle.

ORBUCH, I. (2011) "La Educación física como dispositivo para el control del cuerpo. El caso de Manuel Fresco en la provincia de Buenos Aires", ponencia presentada en I Jornadas de Investigadores en Formación, organizadas por el Instituto de Desarrollo Económico y Social. Buenos Aires.

ORBUCH, I. (2012) "Osvaldo Suárez, un deportista peronista", ponencia presentada en Tercer Congreso de Estudios sobre el Peronismo (1943-2012), Jujuy.

PAGE, J. (2014) *Perón. Una biografía.* Buenos Aires, Sudamericana.

PALACIO, J. (2012) "Desmantelando el Peronismo. Estudios recientes sobre el período clásico", disponible en: [http://nuevomundo.org/index58198.html]. Consultado el 9 de febrero del 2014.

PHILP, M. (2009) "Dueños del presente, dueños del pasado: las disputas por la memoria durante el tercer gobierno peronista en la provincia de Córdoba". *Revista Escuela de Historia* vol. 8 nº 1, Salta.

PINEAU, P. (1998) "La validación de los campos y la constitución de los sujetos: discurso escolar y docentes en la Provincia de Buenos Aires (1930-1955)", mimeo.

PINEAU, P. (1999) "Renovación, represión, cooptación. Las estrategias de la Reforma Fresco-Noble (Provincia de Buenos Aires, Década del 30)", en: Ascolani, A. (comp.), *La Educación Argentina. Estudios de Historia.* Rosario, Ediciones del Arca.

PLOTKIN, M. (1993) *Mañana es San Perón. Propaganda, rituales políticos y educación en el régimen peronista (1946-1955).* Buenos Aires, Editorial Ariel.

PLOTKIN, M. (2007) *El día que se inventó el peronismo. La construcción del 17 de octubre.* Buenos Aires, Sudamericana.

POPKEWITZ, T. (1998) *Sociología política de las reformas educativas.* Madrid, Morata.

POPKEWITZ, T. y BRENNAN, M. (2000) *El desafío de Foucault. Discurso, conocimiento y poder en educación.* Barcelona, Pomares–Corredor.

POTASH, R. (1994) *El Ejército y La Política 1945-1962.* Buenos Aires, Sudamericana.

PUIGGRÓS, A. (dir.) y BERNETTI, J. (1993) *Peronismo: Cultura política y educación (1945-1955), Tomo V.* Buenos Aires, Galerna.

PUIGGRÓS, A. (dir.) y CARLI, S. (coord.) (1995) *Discursos pedagógicos e imaginario social en el peronismo. 1945-1955. Tomo VI.* Buenos Aires, Galerna.

PUIGGRÓS, A. (dir.) y OSSANNA, E. (1997) *Historia de la Educación en las Provincias Argentinas (1945-1983).Tomo VII.* Buenos Aires, Galerna.

RANAAN, R. (2015) *Los muchachos judíos peronistas.* Buenos Aires, Sudamericana.

RAITER, A. (1997) "La especificidad del discurso político", en: Elizancin, A. y Madfes, I. (comps.), *Análisis del discurso.* Montevideo, Universidad de la República.

RAMACCIOTTI, K. (2005) "Las trabajadoras en la mira estatal: Propuestas de reforma de la Caja de Maternidad (1934-1955)". *Revista Trabajos y Comunicaciones* 2ª época, UNLP, pp. 100-124. La Plata.

REVEL, J. (2005) *Un momento historiográfico. Trece ensayos de historia social.* Buenos Aires, Manantial.

ROITENBURD, S. (2009) "Sarmiento: entre Juana Manso y las maestras de los EEUU. Recuperando mensajes olvidados". *Antíteses* vol. 2, nº 3. Londrina.

ROMERO BREST, E. (1903) *Cursos Normales de Educación Física (sus resultados).* Buenos Aires, Las Ciencias Librería y Casa editora de Nicolás Marana.

SARAVÍ RIVIERE, J. (1985) *Historia de la Educación Física Argentina. Siglo XIX (notas para su elaboración).* Buenos Aires, Impresiones Agencia Periodística Cid.

SARLO, B. (2002) *La pasión y la excepción.* Buenos Aires, Siglo XXI.

SARMIENTO, D.F. (1886) *Obras de D.F. Sarmiento.* Buenos Aires, Imprenta Mariano Moreno.

SCHARAGRODSKY, P. (2006) "Los ejercicios militares en la escuela argentina: modelando cuerpos masculinos y patriotas a fines del siglo XIX", en: Aisenstein, A. y Sharagrodsky, P., *Tras las huellas de la Educación Física Escolar Argentina. Cuerpo, Género y Pedagogía. 1880-1950.* Buenos Aires, Prometeo.

SCHARAGRODSKY, P. (comp.) (2011) *La invención del "homo gymnasticus". Fragmentos históricos sobre educación de los cuerpos en movimiento en Occidente del año 2011.* Buenos Aires, Prometeo.

SCHARAGRODSKY, P. (2013) "Discursos pedagógicos, procesos de escolarización y educación de los cuerpos", en: Varea, V. y Galak, E. (eds.), *Cuerpo y Educación Física. Perspectivas latinoamericanas para pensar la educación de los cuerpos.* Buenos Aires, Biblos.

SCHEMES, C. (2004) *Festas Cívicas e Esportivas: Um estudo comparativo dos governos Vargas(1937-1945) e Perón (1946-1955).* Feevale, Novo Hamburgo.

SEBRELLI, J. (1982) *Fútbol y masas.* Buenos Aires, Galerna.

SEBRELLI, J. (2000) *Los deseos imaginarios del Peronismo.* Buenos Aires, Legasa.

SOMOZA RODRÍGUEZ, M. (1997) "Una mirada vigilante. Educación del ciudadano y hegemonía en Argentina (1946-1955)", en: Cucuzza, R. (comp.), *Estudios de historia de la educación durante el primer peronismo (1943-1955).* Buenos Aires, Los Libros del Riel.

SOMOZA RODRÍGUEZ, M. (2006) *Educación y política en Argentina (1946-1955).* Buenos Aires, Miño y Dávila editores.

SORIA, Cl. (2009) "La propaganda peronista: hacia una renovación estética del Estado Nacional", en: Soria, Cl.; Rocca, P. y Dieleke, E. (eds.), *Políticas del sentimiento. El peronismo y la construcción de la Argentina moderna.* Buenos Aires. Prometeo.

SOUTHWELL, M. (2005) "Juana Manso (1819-1875)". *Perspectivas: revista trimestral de educación comparada* vol. XXXV, n° 1. París, UNESCO, Oficina Internacional de Educación.

TAYLOR, S.J. y BOGDAN, R. (1996) *Introducción a los métodos cualitativos de investigación.* Madrid, Paidós.

TORRE, J. y PASTORIZA, E. (2002) "La democratización del bienestar", en: Torre, J. (dir.), *Los años peronistas (1943-1955), en Nueva Historia Argentina*, vol. 8. Buenos Aires, Sudamericana.

TORRES, J. (1998) "Prólogo. Nuevas posibilidades en la revisión de los discursos educativos", en: Popkewitz, T., *Los discursos redentores de las ciencias de la educación.* Sevilla, M.C.E.P.

ULANOVSKY SACK, D. (1999) *Los desafíos del nuevo milenio, entrevistas de a grandes pensadores contemporáneos.* Buenos Aires, Aguilar.

VALLEJO, G. y MIRANDA, M. (2008) *Estrategias modernas de normalización del individuo y la sociedad.* Buenos Aires, Siglo XXI.

VAN DIJK, T. (2000) *Estudios del discurso.* Buenos Aires, Gedisa.

VERÓN, E. (1998) *La semiosis social. Fragmentos de una teoría de la discursividad.* Buenos Aires, Gedisa.

VERÓN, E. y SIGAL, S. (1983) *Perón o muerte. Los fundamentos discursivos del fenómeno peronista.* Buenos Aires, Legasa.

VICH, V. y ZAVALA, V. (2004) *Oralidad y poder.* Bogotá, Grupo Norma.

VOVELLE, M. (2000) *Introducción a la historia de la Revolución Francesa.* Barcelona, Crítica.

WALTER, R. (1993) *La provincia de Buenos Aires en la política Argentina. 1912-1943.* Buenos Aires, Emecé.

WILLIAMS, R. (1977) *Marxismo y Literatura.* Londres, Oxford University.

WOOD, A. (1948) *Gimnasia y Recreación en la escuela Primaria.* Buenos Aires, Kapeluz (primera edición, 1941).

Documentos

Almanaque de la Salud (1948) Buenos Aires, Secretaría de Salud Pública de la Nación.

CARRILLO, Ramón (1947) *Plan Analítico de Salud Pública.* Tomo I. Buenos Aires, Secretaría de Salud Pública de la Nación.

El Nuevo Espíritu del Deporte Argentino (1954) Buenos Aires, Secretaría de Difusión.

La Nación Argentina, justa, libre y soberana. (1950) Buenos Aires, Peuser.

Anexo al Programa de Educación Física (1944) Buenos Aires, Ministerio de Justicia e Instrucción Pública, Dirección General de Educación Física.

Plan de Gobierno 1947-1951 (1946) Buenos Aires, Presidencia de la Nación, Secretaría Técnica.

Segundo Plan Quinquenal de la Nación Argentina (1953) Texto completo del 2º Plan quinquenal, Buenos Aires.

Discursos

NOBLE, R. (1937) *Discurso pronunciado por Roberto Noble ante la Asamblea de Delegados Constituyentes de la Corporación Nacionalista de Maestros de la Provincia,* 24 de diciembre.

PERÓN, Juan D. (1948a) *Discurso del general Perón en la inauguración del club-escuela de Villa Lugano,* 16 de junio.

PERÓN, Juan D. (1948b) *Discurso del Presidente de la Nación ante los corredores que participaron del Gran Premio América del Sud,* 13 de noviembre.

PERÓN, Juan D. (1949a) "La gimnasia y los deportes". *Revista Mundo Deportivo,* 26 de mayo.

PERÓN, Juan D. (1949b) *Discurso pronunciado por el Presidente de la Nación en el acto de la Asociación de ex-Olímpicos Argentinos,* 5 de julio.

PERÓN, Juan D. (1951) *Discurso del general Perón en el acto de entrega de premios a dos obreros que batieron el record de trabajo y producción,* 26 de abril.

PERÓN, Juan D. (1953) *Discurso ante la inauguración de la Unidad Básica Eva Perón del Partido Peronista Femenino.* Buenos Aires, 18 de septiembre.

PERÓN, Juan D. (1954a) *Discurso ante Delegados a la Asamblea de la Liga Estudiantil Argentina.* Buenos Aires, 8 de noviembre.

PERÓN, Juan D. (1954b) *Discurso a los profesores del INEF de San Fernando.* Buenos Aires, 12 de noviembre.

PERÓN, Juan D. (1954c) *Tenemos un pueblo bueno y capaz para el deporte.* Buenos Aires, Secretaría de Prensa y Difusión.

PERÓN, Juan D. (1955) *Discurso en el acto de clausura de la II Conferencia Nacional de Delegados Deportivos realizado por la Fundación Eva Perón.*

Diarios y Revistas

Anales de la Educación Común

Democracia

El Monitor de la Educación Común

La Nación

La Obra

La Prensa

La Vanguardia

Mundo Deportivo

Mundo Infantil

Resumen Deportivo del año 1953

Revista de Educación

Agradecimientos

La cursada de la Maestría en Ciencias Sociales con Orientación en Educación en FLACSO Argentina coincidió con un momento personal particularmente complicado de mi vida. Las magistrales clases impartidas allí por todos los docentes sin excepción, la solidaridad y afecto de mis compañeros y la amistad que me obsequiaron todos ellos, así como Daniel Altamiranda, hicieron que mi pasaje por las aulas de la calle Ayacucho funcionen como un bálsamo de aquellos conflictivos momentos. Mi agradecimiento a todos ellos.

Por otra parte, esta tesis no hubiera sido posible de realizar sin la ayuda proveniente de la beca otorgada por el Ministerio de Educación de la Nación entre 2011 y 2013. Toda mi adolescencia crecí escuchando que los investigadores partían al exilio por no contar con fuentes de financiamiento estatal, que ahora existan es una formidable noticia. A ellos, y a FLACSO que, autorizó dicho beneficio, mi eterna gratitud.

A Pablo Pineau por haber confiado en mí, por leer varias veces este escrito contribuyendo sustancialmente con su mejora, y por ser un referente ineludible de la disciplina en toda América Latina. Muchas gracias.

A mis viejos, hijos de inmigrantes, que con la cultura del esfuerzo me demostraron que todo es posible.

A Mariela, simplemente por estar, cuando nadie hubiera estado, y por haber traído juntos a este mundo a Victoria, fruto de nuestro amor y destinataria de todos nuestros sueños y alegrías.

Esta edición se terminó de imprimir en septiembre de 2016 en
Imprenta Dorrego (Av. Dorrego 1102, Buenos Aires, Argentina).

www.ingramcontent.com/pod-product-compliance
Lightning Source LLC
LaVergne TN
LVHW041726190726
843493LV00007B/2232